# 墓碑をよむ

〝無名の人生〟が映す、豊かなメッセージ

立元幸治

福村出版

〔扉絵〕藪野　健（日本芸術院会員）

# はじめに

先ごろ、『君たちはどう生きるか』という本が話題になりました。本来、青少年向けに書かれたこの本が、いま、この時代に、年齢を超えて広く読まれたのは、大変興味深いことでした。

人生とは何か。生きるとはどういうことか。せわしなく過ぎる日々と、あるいは老いゆく日々とどう向き合うのか。

人は誰しも、こうした問いに向き合う時があります。

とくに、現代のように先行きが見えない、生きづらい時代にあっては、折にふれて、こういう問いが立ち現れてきます。

そんな時、先人たちの遺した言葉が、大きな励ましと豊かな示唆を与えてくれます。それはしばしば人生論とか幸福論としてさまざまに語られてきました。

しかしここでは、これまであまり語られることのなかった無名の人々の遺した言葉の中に、こうした問いに応える珠玉のメッセージを読み取っていきたいと思うのです。

そんな言葉に出会える場所の一つが霊園であり、そこで出会う墓碑に刻された言葉の一つ一つが、死者と生者の交感を物語る深い感動と、生きることへの力をもたらしてくれるのです。

過日、先ごろ急逝した永六輔《えいろくすけ》の本をあらためてめくっていたら、こんな言葉に出会いました。

「古今東西の有名人や文化人の名語録はいくらでもあるが、巷に生きる無名の人々の言葉は記録される事はない。しかし旅暮らしの中で、僕の耳に入ってきた無名人の言葉の重みは、有名人のそれと少しも変わらない。だから僕は、ひたすら印象に残った言葉をメモしてきた」（『無名人名語録』）

同じく永六輔の代表作『大往生』も、同様に巷《ちまた》に生きる無名の人々の言葉を軸に書かれたものです。

先の永の言葉は、私の本書執筆の契機と深く重なるものでした。東京で最大の公営墓地である広大な多磨霊園を歩いて出会った多くの無名の人々やその周辺の人の珠玉のような言葉を、そしてその人々の生きた証《あかし》を多くの人たちと共有したい、そんな思いはいっそう強くなったのでした。

これまで私は三冊の霊園物語（『東京多磨霊園物語』『東京青山霊園物語』『鎌倉古寺霊園物語』）を書いてきました。これは、それぞれの霊園に眠る著名人たちを二人一組で取り上げ、その業績と生涯、交差する人生を描き出したもので、広く受け入れられました。二人を組み合わせることにより、新たな人物像や時代や世相の発見につながるものともなったのです。

　しかし一方で気になることがありました。それは、無名でも、歴史の大海の中でひっそりと生き、その生涯を終えた人々に寄せる思いです。その思いを触発したのは、墓碑に刻された言葉や、墓誌に記された感動的なフレーズでした。それらの言葉や文字は、ひっそりと佇《たたず》む墓碑が発する熱いメッセージのように思われたのです。それらに向き合う時、あたかも親しく語りかけられているような、感銘と親しみを感じ、しばし立ち止まったのでした。それらの言葉や、その生きた証には、著名人たちの遺した言葉に劣らず、強烈なインパクトがあり、こころに深く届くものが多く見られたのです。まさに永六輔が書いていた通りでした。

　そもそもは著名人のお墓探訪と取材が目的だったのですが、こうした無名の人々のお墓を通り過ぎるのはあまりにも惜しく感じられて、もう一つの別の取材ノートを作り、そこに刻された言葉やメッセージを掬《すく》い上げ、記録することを思い立ちました。

　先に挙げた『東京多磨霊園物語』の「あとがき」でも、こうした無名の人たちの遺した珠玉のような言葉を、いつかまとめてみたいと書きました。それに対して少なからぬ反響があり、ぜひ書いてほしいという要望が寄せられたのです。それが本書執筆への大きな励ましともなりました。

まずは最初に執筆した多磨霊園に関する著名人の取材が一段落した時、あらためてこの霊園に眠る、こうした無名の人々の言葉を記録し、まとめてみることから始めました。

その取材は、著名人の取材の片手間やついでではなく、まったく初めから、この広大な霊園の隅から隅まで隈《くま》なく歩いて取材することでした。

ご承知のように、多磨霊園は東京都の西部、府中市と小金井市にまたがる広大な敷地にあり、その広さは百二十八万平方メートルにわたり、東京ドームの二十六倍というスケールの大きさを誇っています。東京都多磨霊園案内によると、合葬墓や納骨堂などを除く一般墓地の使用者数はおよそ六万四千人、その埋葬者数はおよそ四十一万六千体を数えます。しかも、本書で紹介する無名の人の墓碑や言葉については、資料も文献もガイドブックの類も一切ありません。それだけにこの霊園の詳細なサーチ（悉皆《しっかい》調査）はかなりの時間と労力を伴うものとなりましたが、しかしそこでの思いもかけない珠玉のような言葉やメッセージとの出会いや発見が、大きな喜びとなり、この霊園の散策と取材の旅は、何物にも代えがたい充足の時間となりました。

墓碑や墓誌に記された言葉やメッセージ、あるいは句や歌の多くは、逝った人たちが家族や親しい人々に遺す思いを伝える言葉や、その人の固有の人生経験から紡ぎ出された人生観や座右の銘、あるいは辞世的なものを語ったものでしたが、一方で遺された人たちが亡き人へ語りかける熱い心情を記録したものも少なからずありました。

いま、家族や地域の人間関係がきわめて希薄になり、さらには近親者間の事件を含めて、きわめて悲惨な事件が後を絶ちません。胸の塞《ふさ》がる思いに駆られることもしばしばです。そんな時、亡き人と葬送《おく》る人とのあいだに交わされる温かい交流の言葉やメッセージは、掛け替えのないものとして私たちにいろいろなことを問いかけているように思われるのです。

その生涯や仕事が、広く知られることはなくとも、地道に、しかし真摯《しんし》にその生を全うした人々の遺した言葉やその生きた姿には、たとえ名文や名歌・名句とは言えないとしても、どこか人々のこころに訴えるものがあるようです。

一人一人の人生というものは、それぞれに重く、掛け替えのないものなのです。名誉や財産などというものは芥子粒《けしつぶ》ほどのものでしかありません。そしてそこに遺された言葉やその人の生きた姿は、貴重な「人間の記録」であると同時に、その人の生きた「時代の記録」でもあり、証言者でもあるのです。

しかし、こうした無名の人たちの言葉は、著名人の場合と違って、活字や作品として永く後世に残ることはまずありません。そして、長い風雪に耐えてきた墓碑の文字は摩滅が進行し、判読しがたいものも少なくありませんでした。

そういう意味でも、いまそれを記録にとどめておくことの意味は、決して小さくないものであると思われるのです。こうした、掛け替えのない句や歌やメッセージとそこから受ける感動を、多くの人たちと共有することは、それを読む人の生き方や、死への向き合い方に計り知れない示唆を与えてくれる財産ともなるのではないでしょうか。

いま、この混沌とした時代、不透明で生きづらい時代に、人々がこころ豊かな、充足の人生を送るための知恵が求められています。この霊園に眠る先人たちの言葉は、そうした現代人たちへの励ましのメッセージともなっています。

本書では、多くの無名の人たちの言葉を取り上げました。同時に、それと関連させながら、この霊園散策で出会った著名人たちの言葉も取り上げました。こうした有名無名の人たちのメッセージのコラボが、本書に豊かなふくらみを与えてくれたようにも思います。

限りなく不透明で、閉塞感の漂う、生きづらいこの時代にあって、ここで出会った言葉の一つ一つから、あらためて生と死への問いかけや、人と人との絆や温もり、そして生きることへの励ましや感動を読み取っていただければ幸甚です。

目次

## 

## 第二章　これだけは、語り遺したい　～私たちはこう生きた

# 第一章　急がなくても　いいんだよ

## ～悠々たる人生を歩きたい

## 大海で悠然と雑魚《ざこ》を釣る、そんな人生もわるくない

### 大物狙いで消耗する人生よりも、日々是好日を生きたい

この霊園を歩くようになって、もうどれくらいになるであろう。

夥《おびただ》しい時間と、数多《あまた》の出会いがそこにありました。自宅から近いこの巨大霊園は、武蔵野の面影を残す大自然の趣きと、周到に計画され整備された、多彩な植栽に恵まれ、墓地というより、むしろ格好の散策路ともなりました。

はじめは気儘《きまま》な散策を楽しんでいましたが、そのうち、この霊園に眠る数々の著名人たちとの出会いと語らいが、充足の時を与えてくれるようになりました。そして、その散策の途上どうしても気になったのが、著名人たちのみならず、無名の人々の遺した、あるいは亡き人を葬送《おく》る、珠玉の言葉やメッセージでした。

そんな出会いの中で、とくにこころに残ったものを、まず一つ引いておきます。

天晴れて
太平洋に
ざこを釣る

どこか、こころに残る句でした。

大きな海へ出て、たとえば鯛や鰹や鮪《まぐろ》など大物ばかりを狙うのでなく、悠然として雑魚を釣っている、そんな人生もあっていいのではないか。

そんな風にも聞こえます。

大物ばかり狙って、あるいは勝ち組になることだけのために消耗する人生よりも、自分の人生を、日々是好日を悠然と生ききる、そんな生き方を大切にしたい、と考えることもあってもいいのではないかと思うのです。

ほどほどで満足せず、物事を必要以上によくしよう、速くしようとする、そのことにより、かえって何か大切なものを失くしてしまう場合もあります。

ローマの哲学者セネカは、せわしなく動き回り、忙しさに追われる人々の営みや世相に対して、「いかに沢山なものが無益な悲しみや、愚かな喜びや、飽くことのない欲望や、こびへつらいの付き合いによって持ち去られたことか、（中略）彼らはますますよい生活ができるようにと、ますます多忙をきわめている。生活を築こうとするのに、生活を失っているのだ」（茂手木元蔵訳、傍点筆者）と問いかけています。

忙しさが人々から生活を奪っている、とセネカは言います。仕事や会社、あるいは雑事の忙しさと引き換えに「生活」を失っているのは、まさにこの現代に生きている私たちでもあるでしょう。

効率性、即効性、成果主義など、時代や組織の風土の中で長年にわたって体にしみ込んだ意識や価値観から抜け出すのは容易ではないかもしれません。しかし、日ごろ漠然と感じていた疑問や問いが、やがて立ち現れてくる時期があります。

自分が生きてきた人生は、本当の自分の人生だったのか、これからはもっと違う生き方があるのではないかという問いは、人生のある時期に誰もが直面する問いかけです。四十代、五十代、六十代という時期は、その問い直しに向き合う大きなチャンスです。組織から一定の距離を置く時間を確保し、物差しを変えることによって、より広い視野から自分を見つめることができるようになります。見えなかったものが見えるようになります。昨日とは違う新しい風景が広がってきます。

いわば座標軸の転換です。

ここで思い出すのが、テレビで比較的人気の高い「人生の楽園」（テレビ朝日）という番組です。その多くが、人が一定の年齢に達した時、いまの仕事を脱し、都会を離れ、第二の人生を切り開き、充足の日々を送る物語です。有名人などはまったく登場しない、ごく普通の人々の人生物語です。芸人やタレントの氾濫や、過剰な演出に飽き飽きした視聴者に、素直に受け入れられたものといえます。

この番組の人気の背景の一つは、その無名性であり、登場人物たちの、自らの信念を貫いたその生きざまの鮮やかさにあります。

「すべてのことを、あまりよくすることを求めない」「結果を性急に求めない」という、かつて貝原益軒《かいばらえきけん》が語った警句は、いまこの時代にも十分生きているように思います。

人生の転換期は、生き方の座標軸の転換期でもあるのです。

童謡詩人の金子みすゞは、「みんなちがって、みんないい」と詠《うた》いました。

雑魚を釣る人生には、それなりの重さがあるのです。そして人それぞれの人生には、それぞれの重さがあるのです。

先日、たまたまテレビを見ていて、将棋の駒づくり一筋の職人さんの印象的な話を聞きました。その番組の終わり近くで、「一番好きな駒は何ですか」と聞かれたのに対し、その職人さんは即座に「歩です」と答えました。

縦横無尽に動き、跳び、派手に活躍する飛車や角や金、銀よりも、一見不器用で地味だが、確実に一歩ずつ前に進む、その愚直な歩がどの駒よりも好きだというのです。飛車や角や金、そして王将は駒も大きく、文字にも風格があり、数も少ない。さぞやその駒づくりにも力が入るのかと思いきや、そうではなく、歩が好きだというのです。

歩は他に比べて数も多く、小ぶりです。いわば雑兵《ぞうひょう》です。しかし、その一つ一つの歩をつくるのにも、精魂込めて向き合う、そんな職人さんの言葉に感動しました。

歩を大切にすること、そこには雑魚を釣る人生を大切にすることに通じるものがあるようにも思えたのでした。

# 振り返れば過不足もなく、いい人生だったなあ

## 過去や未来に引きずられない、充足のいい、いま

人生を振り返る時、さまざまな思いに駆られます。懐かしく温かい思い出とともに、一方で悔いの残ることもあるでしょう。

人はその悔いにとかくこだわりがちです。しかし、大切な一日一日を、そんなこだわりに引きずられるなんて、もったいないことです。そこからは、何も生まれません。

こんな素晴らしい句の刻された墓碑に出会いました。

老いていま
過不足もなし
古茶淹るる

老いの日々をいとおしみながら、穏やかに過ごす時間の流れを感じさせる。なんとも羨ましいとしか言いようがありません。

いまなお俗塵の煩悩を断ち切れぬ自身がたしなめられているようにも思われます。そして、少しでも、そうした心境に近づけるようにこころがけたいという思いを深くしたのでした。

こんないい句を残した人はどんな人だろう、一度お会いして、直接話を聞いてみたくなりました。しかしそれはもう叶いません。

この句に接した後、帰宅して読んだ本に、こんな句がありました。

ひっそりと
秋の木立の
ひっそりと

差引けば
仕合はせ残る
年の暮

この本の著者は沢木耕太郎で、無名のままひっそりと死んでいった自身の父について書かれたもので、この句は、句作を趣味にしていた父が遺したものの中から拾ったものです。

沢木は、この句についてこう書いています。

「秋。葉を落とし始めた樹木が〈ひっそり〉と立っている姿にこころ惹《ひ》かれた父は、年の瀬に、いろいろあった自分の人生を〈にもかかわらず、よし〉とした。声高に幸せだったと言うほどのことはないにしても、プラスとマイナスを加減すれば、ほんの少し〈仕合わせ〉が残るかもしれない、と」

沢木はまた、「父には自分が何者かであることを人に示したいというところがまったくなかった。何者でもない自分を静かに受け入れ、その状態に満足していた」とも書いています。

沢木のこの本の書名は、ずばり『無名』でした。

私には、先の句とこの沢木の父の二句に、どこか重なるところがあるように思えたのでした。人それぞれの人生は、それぞれに重いのです。有名か無名か、それはまったくかかわりのないことなのです。

それぞれの人生は、それぞれが採点するものです。いや、採点などする必要もないでしょう。世間の物差しや、他との比較などに惑わされない、悠々たる人生を歩きたい、そんな風に思います。

できなかったことにこだわったり、過去を引きずって不満を捨てきれなかったりする後ろ向きに傾斜しがちな思考を超えて、これまで生きてきた自分をほめ、肯定し、いまを充足して生きる、そんな生き方を大切にしたいと思います。

これらの句に出会って、そんな思いをますます深くしたのでした。

このあたりを歩いたのは十一月の暮れでした。紅葉が最後の輝きを見せるころでした。自然もまた老い支度を始めているころでしょうか。

もちろん、他にも感銘を受けた、あるいは共感を誘う言葉やフレーズが数多くあり、先の一句が句としてはすぐれているかどうかはわかりませんが、ともかく、こころの奥に深く届くものであったのです。やや大げさに言えば、この句に出会っただけでも、この霊園を散策した甲斐があったと思われ、どこかほっこりとする気分になったのでした。

## 一度だけの人生、〝本当の自分〟を生きたい
### 完璧主義を捨てると、楽になる

きれいな赤御影に刻まれたこんな言葉もありました。

一度の人生
自分らしく

自分らしく、ということは、何物にも左右されない、自分の人生を生きるということです。

世間の常識に引きずられて、物欲にとらわれたり、無理をして頑張ったり、あるいは限りなく完璧な生き方、そして満足のいく人生を目指す——そこに、見えないけれどかなりの無理が働き、自分の人生を見失ってしまいがちです。

人生は少し不足気味のほうがちょうどいいのです。

江戸後期の文人、神沢杜口《かんざわとこう》は、その著『翁草《おきなぐさ》』の中で知足ということについて、「知足は不足のなかに在り、満足の人は、なお其の上を貪《むさぼ》る故に、知足を知らず、ただ士は銀《かね》もたぬがよし」と書いています。

ここでも、完全に満足している状態よりも、むしろ不足の中にこそ満足があるという主張が展開されています。満足している人はさらなる満足を求め、それが満たされないと納得できない、いったん欲望が充足されるとさらなる欲望にとらわれるという、際限なき連鎖の渦中にはまります。

かつてベストセラーになった詩集『求めない』の著者で、信州・伊那谷《いなだに》の自然の中で暮らす加島祥造《かじましょうぞう》は、「求めない」という言葉について、「もう少し安らかに生きたい、リラックスしたい、そんな時、この言葉を自分に向けると楽になった。（中略）今の人たちは強く求めすぎて自分が苦しくなったり、求める世界だけに取り巻かれて自分を見失ったりしているのかな。自然の中にいると誰も私を求めない。自然は何も求めないからね。求めない世界にいると自分も求める気にならない」と語っています（「朝日新聞」二〇〇八年二月七日朝刊）。

現代人は強く求めすぎて自分が苦しくなったり、求める世界だけに取り巻かれて自分を見失って不安になっているのかという問いかけには、深く共感できます。

杜口の言う「少欲知足」と、加島の「求めない」という言葉がどこかで重なり、私たちに問いかけるところは決して小さくないと言えるように思います。

ここで、定年を目前に控えたある会社員の新聞投書を見てみます。

「定年退職を七月末に控え、少々落ち着かない日々を過ごすことが多くなった。（中略）現役ではなくなるのだからメリハリのある生活は難しい。充実感、達成感そして凛とした気持ちは維持できないのか。考え抜いたすえの生き方は、七十点にしようということに達した。欲張らず、頑張らず、焦ることなく。定年後は自分の意見も体力も、そして健康もすべて七十点主義とすれば、多少できるゆとりから、違う世界が見えると楽しみにしている。長い厳しい道のりが予想されるが、しっかり、ゆっくり歩いていきたい」（「朝日新聞」二〇〇五年一月二十四日朝刊）

七十点主義――、見事なギア・チェンジをそこに見ることができます。

また、江戸後期の儒者、佐藤一斎の『言志四録《げんししろく》』に、こんな言葉がありました。

「家に酒気なく、庫《くら》に余粟《よぞく》有り。豊かなれども奢《しゃ》に至らず、倹《けん》なれども嗇《しょく》に至らず。俯仰《ふぎょう》愧《は》ずる無く、唯《ただ》清白を守る」

《抄訳》

「家の中に酒はないが、庫には十分な穀物がある。ものは豊かであるが、決して贅沢《ぜいたく》ではない。また倹約に努めていてもケチではない。天にも恥じず、地にも恥じるようなことはなく、ただ清廉潔白を守っているのだ」

決して余分なものを求めず、また倹約には努めてもケチで惨めったらしいこともない、足るを知ることの余裕が語られています。先の投書者の、欲張らず、頑張らず、焦《あせ》ることなく、という言葉と、一斎の自足した清廉な日々を楽しむ言葉とはどこか重なるところがあるように思います。

ただ、欲を抑えるということはなかなか容易なことではありません。一斎は、欲には大小があって、食欲色欲などの大欲は自分でそれがわかるから、それに打ち勝つことはできる。しかし、少欲はそれが欲であることには気づきにくく、これに勝つことは難しいと言っています。

これは重要な指摘です。大きな欲はなるべく抑えようとするが、そうでない欲にはつい流されてしまうことは私たちにもよくあることです。たとえば、衝動的に余分なものを買ってしまったり、流行に安易に流されたり、足りないことに不満を募らせたりします。

無意識のうちに広告宣伝などにコントロールされているかもしれません。いや、広告宣伝は人間の欲求を刺激し、購買行動に駆り立てる緻密《ちみつ》な装置です。

自分にいま必要なものは何か、自分をあらためて見つめ、身の回りを見直してみる、そこから「少欲知足」の意味を自分なりに考えてみたいと思います。

「七十点の人生」でいいのです。

# 急がなくても　いいんだよ
## たまには「ボーっと」していることも大切だ

私たち現代人は、あまりにも「急ぐこと」「結果を出すこと」にこだわりすぎてきたのではないでしょうか。自分の歩幅で、従容として生きることの重さを見失っているように思われます。

「そんなに急いでどこへ行く」

という言葉も、かつて語られました。しかし、あまり現実は変わりません。結果や目標にのみに目を奪われて、いい、いまの人生、いい、いまの自分を大切にしない、そんな現実になかなか気づきにくい、と言ってもいいように思います。

この霊園の東北端の近くで、気になる墓碑に出会いました。広い墓域の真ん中に、重厚な方形の石板が配置されていました。その表面には何も書かれていませんが、周囲を囲む低層の石塀にはめ込まれた銘板に、劇作家岸田國士、女優の岸田今日子とともに、その姉の童話作家で詩人の岸田衿子《えりこ》の名前がありました。

その岸田衿子の詩集には、本項の趣旨と響き合う、印象的な言葉がありました。

その作品『いそがなくてもいいんだよ』から、一編（「南の絵本」）を引いておきます。

いそがなくたっていいんだよ
オリイブ畑の　一ぽん一ぽんの
オリイブの木が　そう云っている
汽車に乗りおくれたら
ジプシイの横穴に　眠ってもいい
兎《うさぎ》にも馬にもなれなかったので
ろばは村に残って荷物をはこんでいる
ゆっくり歩いて行けば
明日《あした》には間に合わなくても
来世《らいせ》の村に辿《たど》りつくだろう
葉書を出し忘れたら　歩いて届けてもいい
走っても　走っても　オリイブ畑は

つきないのだから
いそがなくてもいいんだよ
種《たね》をまく人のあるく速度で
あるいていけばいい

やさしく語りかけるその言葉に、深い感銘を受けました。

一見豊かに見えながら、なんとなく落ち着きなく、窮屈で生きづらいこの時代に生きる私たちに、もっとゆっくりでいいんだよ、と寄り添ってくれるのです。

霊園にある墓碑銘の中に、そんな現代人の生き方の歪みに気づかせる言葉にしばしば出会います。

たとえば、墓碑の正面に大きく刻された「游」「澥」「泰」「穏」「悠」「悠然」「悠久」などの言葉が、墓碑に対面する者の胸の奥深くにジワリとしみ込んできます。

これらの言葉は、現代の支配的価値観であるスピードと効率とは真逆の価値を有するものです。大きく刻されたそれらの言葉に向き合うと、どこかこころ豊かになり、ホッとするのは、あまりにも私たちが日常の喧騒の中に埋没してしまっているからではないでしょうか。

かつて、あるテレビ番組の「ボーっと生きてんじゃねーよ」というフレーズが話題になりました。このフレーズは流行語にもなり、いつしか拡大解釈され、ひとり歩きし始めました。しかし、ボーっとしていることはそんなに悪いことなのか。こういう喧騒の支配する日常にあっては、時折立ち止まり、思索したり、自分のペースを取り戻す時間があってもいいように思います。外からは一見怠惰に見えても、その人にとっては大切な時間なのです。

長い付き合いのあった、ユング心理学の大家で、元文化庁長官の河合隼雄《はやお》さんは、「創造的退行」という言葉をしばしば語っていました。一見、退行のように見えても、それは新たな創造につながる大切な時間なのです。人生には、時にそういう「間」が必要なのです。

たまにはボーっとしていることも大切なのです。

私にとっても、ボーっとしている時が、至福の時間となります。

先に挙げた墓碑の言葉の一つ「泰」に関して、『論語』の中にこんな言葉がありました。

子曰く、君子は泰にして驕《おご》らず、小人は驕りて泰ならず

君子はいつも泰然として威張ることなどないが、小人は威張るばかりで落ち着きがない。おそらく、墓碑の正面に大きく「泰」と刻された墓の故人は、この孔子の言葉そのままの人物であったに違いないと思われるのです。

貝原益軒は『大和俗訓《やまとぞっくん》』の中でこんな話を紹介しています。

ある時、二人の人間が同じ船に乗り合わせていた。一人はせっかちな性格であり、もう一人は穏やかな性格の持ち主であった。たまたま天気の悪い日であったが、せっかちのほうは船が遅いのにこころを悩まし、焦った。穏やかな人物は船の遅いのを別に気にすることもなく、よく食べ、よく眠り、表情も明るかった。船が目的地に到着して、二人は同時に船から降り、上陸した。所詮、同じ結果となるのに、船が遅いことに苛《いら》つき、こころを悩ましたことに何の益があるのだろうか。

結局、自ら苛立ち、苦しんだ分だけ無益のことだったという話です。そして、「いそぎて心さわがしく、静かならざれば、思案なくして、必ずあやまりあり、悔いあり」と言います。怒りや欲に流されて物事を急ぎ、焦ることは決していい結果を伴わない、無駄や過ちにつながるのだと益軒は語るのです。

実は、「待つ」ということの重要性については誰でもよくわかっていることかもしれませんが、普通の人にとってはなかなかうまくいくものではありません。ですから、益軒はあえてそのことの大切さを語っているのでしょう。

このような益軒の指摘は、実はいまの私たちにとっても示唆するところが少なくないのではないでしょうか。

子供の時から、成人を迎え、社会に入ってからも、私たちは急ぐ文化の中に絡《から》め取られています。成績、点数、スピード、効率、目標、成果、勝ち組 負け組、そうしたプレッシャーが人々を追い立てます。

そして人生の半ばを過ぎて定年を迎えるころ、あるいは子供たちが巣立ってようやく余裕を取り戻せるという時、人々はある戸惑いとためらいに遭遇します。そこでもたらされた長い時間の過ごし方に戸惑い、あるいは居場所を失ったような寂寥《せきりょうかん》感を覚えることもあります。長く浸っていた「急ぐ文化」から、「緩の文化」へのギア・チェンジがなかなかうまくいかないのです。

そうした、ある種の危機を回避するためにも、私たちは日ごろから緩の文化、待つ文化、あるいはスローな文化を大切にすることをこころがけていく必要があります。それはある種のダブルスタンダードを持つ知恵とでも言っていいでしょう。

何かのために「いま」を犠牲にする生活の集積は、人生その時その時にしか味わうことのできない喜びを味わうことなく人生の終局を迎えることにつながります。その時に至って、わたしの人生はいったい何だったのだろうと慨嘆しても、もう遅いのです。

先に「間」ということについてふれましたが、ドラマや演劇では「間」が重要な意味を持ちます。動作と動作の間、セリフとセリフの間の空白の時間を無理して詰めたり削ったりすることは、作品に致命的な欠陥をもたらします。私たちの日々の暮らしの中で、無理して間を詰めたり、急ぎすぎたりしてはいないでしょうか。

ときどき、急ぐ足を止めてみましょう。そこには違う風景が見えてきます。

## 名月や銭《ぜに》かねいわぬ世が恋し

### 〝ゆるり〟と参ろう、自分の歩幅で

先の「いそがなくてもいいんだよ」という言葉と響き合う、ある鮮烈な文字が目に止まりました。大きな墓碑に、ひらがなでひと言、

ゆるり

という文字のみが書かれた墓石でした。この人の送った悠々たる人生が偲《しの》ばれて、短いこの一言が、なんと雄弁に語りかけてくるのだろうとも思われました。そして、こんな言葉を遺した人に一度会ってみたかったという思いに駆られました。

羨《うらや》ましくもあり、凡俗にはなかなか真似はできそうにもありませんが、しかしこころに留め置きたい言葉です。

こんな言葉にも出会いました。

名月や
銭かねいわぬ
世が恋し

どこかこころに残る句でした。あくせくとしたこの時代の日々にうんざりしている時、どこかホッとさせられたのです。

この、喧騒に満ちた時代、「ゆるりと参ろう」と自身のペースを大切にし、「銭かねいわぬ世が恋し」と、たまには世間や常識から「半歩下りてみる」こともあってもいいかもしれません。

そこには、得がたい非日常のひと時があるように思われます。

先の「ゆるり」もそうですが、こんな言葉に出会えた日は、なんとなくこころ豊かになるのでした。

ふと見上げると、人間には比べようもない年輪を重ねた、蒼天《そうてん》に向かって聳《そび》え立つ巨木が、励ましてくれるようにも思えました。

そんな自然に対する畏敬と感動は、人それぞれに味わい体験するところですが、それは人生の折々によって微妙に違ってくるように思います。とくに人生の半ばを過ぎて晩年に差し掛かるころからは、その味わいと感動が一段と深いものになるように思われます。

厳しい企業社会や、日々の暮らしに追われる日々が一段落した時、こうした自然とその四季の営みに向き合うことは、あらためて自分と向き合うことでもあります。

最近の新聞の投書から一つ見てみます。これは六十二歳の元教師からのもので、かつて現役時代は忙しくて季節の移ろいを楽しむ余裕がなかったが、退職して土に親しむようになって、ようやく季節の変化を肌で感じるようになったと、次のように書いています。

「現役時代は金があっても暇がない、退職後は暇はあるが金がない、とよく言われます。なかなか両方そろった人生は望めませんが、心のゆとりも一つの財産と考え、自然を楽しみながらゆったりと過ごそうかと思います」（「朝日新聞」二〇一〇年五月二日朝刊）

ゆとりを楽しむ、それは私たち現代人がいつの間にか見失っていた大切なものへの気づきにつながるとも思えます。

ここで、時代の最先端で活躍する、アメリカの女性ジャーナリスト、アリアナ・ハフィントンの言葉を一つ引いておきます。

アリアナ・ハフィントンは一九五〇年生まれ。世界に展開する、人気のインターネット新聞（ニュースサイト）「ハフィントンポスト」の創設者で、「世界で最も影響力のある百人」にも選ばれ、雑誌の表紙を飾るなど、華麗な成功者として知られる人物です。
「社会における成功の概念は金と権力に集約されてしまった。でも長い目で見ると、金と力だけでは二本足の椅子のようなもので、たとえ短時間バランスが取れても、最終的には倒れてしまいます。妥協する人生でなく、生きる価値ある人生を手にいれるには、〝サード・メトリック（第三の価値観）〟が必要です。それは健康《ウエルビーイング》、知恵《ウイズダム》、不思議《ワンダー》、思いやり《ギビング》、この四つを柱とする新たな成功です。

私がそう考えるようになったきっかけは、長年、古い成功の定義に縛られたあげく、二〇〇七年に痛烈な一撃を食らったことでした。睡眠不足と過労で昏倒した私は机に頭部をぶつけ、頬骨を折ったのです。このとき以降、私は生き方を大きく変えました。その結果、手に入れたのは、ひと息つく時間と深い視点を持つことのできる充足度の高い生活でした。

金と力で定義するなら私の人生は大成功。でも、正気で定義するなら、とても成功とは呼べなかった」（『考える人』二〇一六年春号）

ハフィントンは、現代において、「成功」とは何かを問いかけています。その言葉は、現代においては、〈金と力〉よりももっと大切なものがあることを物語っています。

時代の最先端をトップギアで走り続けた人物が到達した偽らざる心境です。

それは先の句の「銭かねいわぬ世」と深く響き合っているように思います。

## Que sera sera（ケ・セラ・セラ）という人生
### 自分らしく、あるがままに

先に、「一度の人生自分らしく」という墓碑の言葉を引きました。

この霊園散策の途中、墓碑に大きく刻まれたさまざまな文字や言葉に出会ったわけですが、その中で、この自分らしくということとかかわりのあるものを拾ってみました。

多かったのは、「悠」と「道」がそれぞれ五つずつありました。わが道を悠然と歩いていくことを処世としている人が少なくないということでしょうか。関連するものとして「信」「直」「路」という言葉もありました。

多くの人はその名前や生涯を人に知られることなく、ひっそりとその生を閉じていきます。しかし、たとえ無名のままの人生であったとしても、それぞれに自分らしく生き、その人生を全うしていく。そしてその人生はそれぞれに重いものなのです。

大きな黒御影に刻まれたこんなユニークな言葉にも出会いました。

Que sera sera

「ケ・セラ・セラ」はあえてコメントするほどでもないと思いますが、アメリカ映画「知りすぎていた男」の主題歌として有名になった言葉です。

たまたま原稿の執筆中に、この歌を歌ったドリス・デイの訃報を耳にしました。九十七歳でした。一世を風靡《ふうび》したあの歌詞とメロディが鮮明に甦《よみがえ》ってきました。

その一節は原文ではこうなっています。

Que sera sera,
Whatever will be, will be.
The future's not ours to see,
Que sera sera,
What will be, will be.

「なるようになるさ、先のことなどわからないもの」という意味で、この言葉を墓碑に遺した故人の自由気儘な、大らかな人柄が偲ばれます。私たちの人生には、後になって、どうしてあんな些細なことにこだわっていたのだろう、と思うことがありますが、人生には時にこうした思い切りのよさ、あるいは潔さというものが必要なのでしょう。

一見、投げやりの風にも聞こえますが、実はそうではなく、人生はあれこれ思い悩んでも仕方がない、なるようになる、大丈夫だよ、という励ましの言葉と考えることができます。先にも述べたように、私たちの人生の日々が、過去の後悔を引きずったり、明日の心配にとらわれたりすることなく、いまを大切にする伸びやかなものでありたいというメッセージとも解することもできます。

正面にはこの文字のほかには何も書かれてなくて、この文字が鮮やかでいまにも動き出しそうにも見えました。

こういう言葉に出会うと、故人の人柄が偲ばれ、いささかホッとするとともに、どこか励まされる思いです。

なんとなくせわしなく、騒がしいこの時代、時にはこうした余裕や開き直りも必要かもしれません。

それは、掛け替えのない一度限りの人生を、自分のリズム、自分の歩幅で生きること、ありのままに、成り行きに任せて生きていくということです。

放浪の俳人、種田山頭火《たねださんとうか》は、隙のない人間より隙のある人を懐かしむ、現代人はあまりにも自分を擁護する才に走った人が多い、少しは抜けていて隙のあるほうがうれしい、と書いています。

完璧で隙を見せない生き方より、自由な、自分なりの生き方を大切にする、そうすると、人生はずいぶん楽になるように思います。

# 振り分けの荷物降ろして五十路《いそじ》越え

## 〝人生の荷物〟を、少しずつ減らしていく

人生も半ばを過ぎ、やがて下り坂に向かう時、人はさまざまな思いに駆られます。これまでの来し方を振り返り、ずいぶん遠くまで来たものだという感懐に浸ったりします。

そんな句に出会いました。

振分けの
荷物降ろ志《し》て
五十路越え

「振分け」とは、二つの荷物を紐《ひも》でつなぎ、前後に分けて肩にかけることですが、五十路というと、現代ではまだ人生の真っ盛りで、「荷物を降ろす」年齢などではありません。しかし

墓誌を見ると、詠んだ方は昭和十六（一九四一）年没ですから、五十路は当時ではもう高齢と言っていいでしょう。

人生に一つの区切りをつける年齢に差し掛かり、これまで背負ってきた荷物を少しずつ降ろしていく。それは、持ち物や家財などに限らない。こころの荷物やしがらみも相当な重さになっているのではないでしょうか。

貝原益軒の『養生訓』（巻第八）に、こんな言葉がありました。

「年老いては、ようやく事を省きて、少なくすべし。事をこのみて、多くすべからず。このむ事しげければ、事多し。事多ければ、心気疲れて、楽しみを失う」

これはまさに、「荷物を少しずつ減らしていく」ということの勧めです。

近年、断捨離《だんしゃり》という言葉がよく使われます。主にモノの断捨離という意味で使われていますが、人間、ある年齢に達すると重要になるのは、「こころの断捨離」ということではないでしょうか。

長い人生の中でそれぞれが背負ってきた荷物の一つ一つには、かけがえのない想い出や失意や悔いなどが詰まっていることでしょう。「肩の荷を降ろす」という言葉もあります。それを一つずつ降ろしていくと身軽になると同時に、どこか一抹の寂しさも感じたりします。

ある時は希望に溢《あふ》れ、ある時は苦難に遭遇したけれど、ともかくここまでよく歩いてきたものだ、その軌跡を振り返る時、そこにある種の安らぎを覚えるのも事実でしょう。先の句の「荷物」を降ろしてホッと一息という心情に深い共感を覚えるのです。

作家、山口瞳に、こんな言葉がありました。

禁酒禁煙、間食シナイ
昂奮シナイ、無理シナイ
早寝早起、仕事セズ
義理欠キ人情欠キ、散歩スル

（山口瞳、エッセイ集）

すべてに無理をしない、そして義理欠き人情欠きという生き方は、いわば「こころの断捨離」に通じる言葉とも読めます。

そんな自由で身軽な生き方を、山頭火はその句や日記の中でしばしば語りかけています。

無理をするな、あせるな、いらいらするな、なるようになれ、ばたばたするな、
流れるままに流れてゆけ

（昭和十一年十一月二日、傍点原文）

さびしけれども、――まずしけれども、――おちついてつつましく。――
けちけちするな、――くよくよするな、――ゆうぜんとしてつつましく。――
（昭和十三年一月九日）

「悠然としてつつましく」――いい言葉ですねえ。シンプルライフでもこころは豊か、そんな生き方に近づきたい。そうすると人生はずいぶん楽になります。別に放浪の俳人と言われた山頭火の真似をする必要もないし、またそれは無理な話です。しかし、彼の言葉や句には、共感を呼ぶものが少なくありません。

ここで思い出すのが、先に日本を訪れた前ウルグアイ大統領ホセ・ムヒカの言葉です。ムヒカは、「世界で一番貧しい大統領」として注目を浴び、各地の講演で豊かさとは何か、本当の幸せとは何かを問いかけ、大きな反響を呼びました。

そのムヒカの言葉から。

「かつての日本人は多くのものを持たず、それ以上を望まなかった。
幸せな人生を送るには重荷を背負ってはならないと思う」
（いまの日本についてどうお考えですかという質問に対して）

「産業社会に振り回されていると思うよ。すごい進歩を遂げた国だけど。しかし、国民が本当に幸せなのか疑問だね」(『世界で最も貧しい大統領ホセ・ムヒカの言葉』)

あなた方は本当に幸せですか、という問いかけに真摯《しんし》に耳を傾け、いつの間にか身に纏ってしまったものや当たり前と思っていたことを疑い、本当の幸せとは何かをもう一度問い直してみることが、いま求められています。

〝荷物〟を減らし、悠然としてつつましく生きていく生き方に、その問いへの答えの一つがあるように思います。

# 春風再来、樹々亭々、いいねえ

## 自然の営みへの畏敬と感動

ホセ・ムヒカも指摘した通り、私たちは経済発展の中で豊かさを求めつつ、一方で大切なものを失ってしまったようです。

その一つが、自然に向き合う時の感動であり、そこから受け取る豊かな時間であり、自然の営みに対する畏敬の念です。

そんなことを感じさせる言葉にも出会いました。

山はいつ来て見ても黙って
相手からは何も要求されず
大きく大きく包んでくれる
私はただもう安心して眠ってしまう

山に向き合った時の感動、それは多くの人が感じるものでしょう。「大きく包んでくれる」もの、それはまさに繁忙と喧騒の中で生きる現代人たちが、求めているものでもあります。

この言葉を記した墓碑のあたりには、穏やかで優しい風が流れているように思えたのでした。もう一つ、こんな歌碑にも出会いました。

こもれびに
見上ぐる樹冠を
遠く空の
碧の深さよ
青の遠さよ

立ち並ぶ巨樹の中で、ふと見上げた空の遠さと深さを詠んだものですが、そこには自然への限りない感動と同時に、畏敬の気持ちを読み取ることができるように思います。そんな自然に対する謙虚さと畏敬の念を、私たちは少しずつ摩耗させてしまっているようにも思います。

そうした自然の中に生きる感動と喜びは、古来多くの人々によって語られてきました。その中の一人が、アメリカの思想家で詩人のＨ・Ｄ・ソローです。

ソローは、自給生活を送ったウォールデンの森での生活の中で、自然が与えてくれた感動を克明に綴っていますが、そこでは自然を、「この上なく親切でやさしい、けがれのない、心の励みになる交際相手」であるとし、「〈自然〉のまっただ中で暮らし、自分の五感をしっかりと失わないでいる人間は、ひどく暗い憂鬱《ゆううつ》症にとりつかれることなどあり得ない。……四季を友として生きるかぎり、私はなにがあろうと人生を重荷と感じることはないだろう」（飯田実訳『森の生活』）と書いています。ソローにとって、それはかけがえのない贅沢な時間であったと言っていいでしょう。

ソローの語るところは、一見趣味人や閑人の楽しみと聞こえるかもしれませんが、決してそうではありません。誰しもが生きる営み、その中に感じ取る悦《よろこ》びなのです。それはまた自然を鑑賞することだけでなく、その中で生き、自然と交感し、人々と共感し、そこで繰り広げられるドラマに感動する悦びでもあります。

先にも述べたように、私たちはあまりにも日常の忙しさや多彩な情報に振り回されて、こうした自然の営みのもたらす感動から遠ざかってしまったように思います。快楽とか享楽という楽しみ、あるいは時間や金を消費する楽しみとは別に、生きることその中にある楽しみや喜びに、もう一度目を向けてもいいように思います。時折立ち止まり、道端の名もない草花に眼差しを注ぎ、屹立《きつりつ》する樹々に語りかけ、その木肌にふれてみる、そこからやさしさや生きる力をもらうことができるように思います。

先にも少しふれましたが、本書で歩くこの多磨霊園は樹齢を誇る巨木と見事な植栽に恵まれ、墓地というより、文字通り公園と言ってもいい雰囲気を漂わせています。

この霊園の近くに住む私には、この地が格好の散策のコースとなり、四季折々の風景を楽しみながら歩くのが、何よりの喜びとなっています。咲き競う春の多彩な花々、鮮やかな夏の新緑、樹々たちが装う錦秋の趣き、そして落葉した冬の巨樹が見せる孤高の姿、そうした風景の生み出す自然の造形美には、飽くことなく人を惹きつける不思議な力があるように思います。

自然はその向き合い方によってさまざまに応えてくれます。季節の移ろいは自然への感動だけでなく、自然への畏敬の念も育ててくれます。季節を愛《め》でるということは、自分自身が豊かになることだともいえます。そこでは感動と励ましを受け取ると同時に、謙虚さもまた学び取ることができます。四季の移ろいと付き合う楽しみは、そうした内的な深みを持つものであると言えます。私たちがこれまで当たり前のこととして見過ごしてきたものの中に「贅沢な時間」を発見することができます。

身のまわりに小さな感動を探してみませんか。

それが、悠々たる人生を送る知恵ともなります。

この霊園で出会った墓碑銘の中には、「大自然に包まれて」「春風再来」「空と大地」「花と星と共に眠る」「樹々亭々」「清風」「光」「彩風」「彩雲」「碧空」「四海春」などの言葉がありました。その文字は、墓碑の正面に大きく刻されていました。多くの人々が自然と向き合い、感動や癒しをそこに感じていることをうかがわせるものと言えます。

## 無名の人生、泡沫の人生、それでいいのだ

### 平凡の中にこそ、非凡があり、豊饒《ほうじょう》がある

大きな自然石の真ん中に、ただ、

泡沫

と、ただそれだけを刻した墓碑が目に止まりました。

なんと味わい深い言葉でしょう。

この世はすべて泡沫のごときものだと読むか、あるいは、わが人生は取るに足らぬ泡沫のようなものだった、と読むのでしょうか。

ただ、そこには悲嘆や諦観のイメージは微塵も感じられません。墓碑に直接対面していると、むしろこの人生を、無名ではあったけれども自分の人生として堂々と生きてきたのだという、

充足感のようなものを感じてしまうのでした。

地味な人生でも誰かがじっと見ていてくれる、無名であることは決してマイナスイメージでとらえることなどできない、そこにはそれぞれの充足があるのだと思います。

そんな時、鎌倉霊園で出会った山本周五郎の言葉を思い出しました。

周五郎は一貫して日の当たらぬ庶民の側に立ち、市井に生きる名もなき人々を描き続け、そして既成の権威や権力に対峙する姿勢を堅持しました。そのゆえか、周五郎は英雄や豪傑を書きませんでした。そのことについて、こう語っています。

「彼らは、きわめて人間性がとぼしい。日本を形成する最大多数は英雄、豪傑のかげにいる人たちです。自己主張できない不幸、不満、不平を持ち、おそらく死ぬまでそれは達成できない。これを代弁できるのは、散文ではないですか。たくさん書かれた太閤でなく、太閤たらしめるために血を流した人の味方ですね。いわゆる庶民こそ、主権者だと思います」（『「週刊朝日」の昭和史』）

市井の平凡な人々に寄り添い、その営みにこころを寄せる、そうした周五郎の姿勢や哲学が、その作品の中で珠玉のような言葉を生み出しています。それは、時代を超えて、いまこの時代に生きる私たちに深く語りかける言葉ともなっています。

周五郎はまさに、「泡沫」の人生の応援者だったのです。

また、こんな顕頌《けんしょう》碑がありました。

人の為《ため》世の為盡《つく》し　燃え盡《つ》きぬ
その遺志《こころざし》　永久《とわ》に傳《つた》えむ

無名の方の墓碑ですが、まさに人に知られることもなく、その志のために燃え尽きた生涯が偲ばれます。こうして、歴史に名前を遺すこともなく、地道な、しかし敬服に値する生涯を送った人々が数多く各地の墓地に眠っていることにも思いを馳せることも大切なことと言えるでしょう。

この言葉に出会った後、渡辺京二の文章（『無名の人生』）を読んでいて、次のような一節が目に止まりました。

「人間の一生には幸福も不幸もあるけれど、その評価は、自分で一生を総括してどう考えるかの問題だということになります。他人が判断できることではありません。幸福度を客観的に測る基準などないからです。

人間の幸福とは、摑みどころのないもの。それでも、ひとつだけ言えることがある。幸不幸の入り混じった人生ではあっても、それを通観してみて、自分なりの尺度でもって判断することはできる。幸も不幸もあったけれど、どちらがより多かったのか、無駄な一生だったと振り返るのか、それとも実りの多い人生だったと思うのか」

渡辺氏はこう書きながら、大切なことは自分の人生をあるがままに受け取ることだろう、と語っています。

いたずらに過去を引きずることなく、外からの目を気にせず、周囲と比較することなく、自分の人生を肯定する、そのことが幸福の人生を全うすることにつながるのではないでしょうか。

効率と業績のみが評価され、声高《こわだか》で世渡りのうまい人物のみがもてはやされているように見えるこの時代です。しかしそれを見透かし、見つめる深い目もあります。これからは自分の生き方を愚直に逞《たくま》しく貫くことに深い意味があるように思います。

「泡沫」――墓碑の正面に大きく書かれたこの文字に対面していると、譬《たと》えようもない共感と励ましを受け取ることができるように思えるのです。

最後に、世間から距離を置き、諸国を行脚《あんぎゃ》し帰郷した後、近くの草庵で脱俗生活を送った、江戸後期の歌人・禅僧、良寛の作（無題）から一つ紹介しておきましょう。

生涯身を立つるに懶《ものう》く、（生まれてこの方立身出世的なことがめんどうで）
騰々《とうとう》、天真に任す。（ぼんやりと天然自然の真理に任せる）

嚢中《のうちゅう》、三升の米、（頭陀袋《ずだぶくろ》の中には三升の米）
炉辺、一束の薪《たきぎ》、（その米と燃し木のほかに何が要《い》ろうか）
誰か問わん、迷悟の跡、（迷いだ悟りだと問う必要もなく）
何ぞ知らん、名利の塵《ちり》。（名誉や利得も自分の知ったことではない）
夜雨、草庵の裡《うち》、（夜、雨の音を草庵の中で聞きながら）
双脚、等閒に伸ばす。（二本の脚をのんびり伸ばしているだけだ）

（吉野秀雄『良寛』、現代語訳に一部加筆）

わが道をひたすら貫いた良寛は、自身を「大愚」と号しました。
中国北宋《ほくそう》の詩人、蘇軾《そしょく》の、「大賢は愚なるが如し」（本当に賢い人は自分の知識や知恵をひけらかさないから、一見愚者のように見える）という言葉を思い出します。

# 人は白髪を見て憂え、我は白髪を喜ぶ

## 老いをしなやかに受け止める

先に、「老いていま過不足もなく古茶淹るる」という句碑の言葉がありました。そして、その後訪れた鎌倉の明月院では、尾崎喜八の墓碑の「回顧」に出会い、尾崎の、「静かに賢く老いるということは、満ちてくつろいだ願わしい境地だ」という言葉に出会いました。

この二つに共通するのは、老いという問題といずれも柔軟に向き合い、むしろ肯定的にとらえたことであると言えます。老いは衰退ではなく、新たの充足の季節《とき》なのです。

この霊園でも、そんな老いへの向き合い方につながるような、多彩な言葉に出会いました。たとえば、墓碑正面に大きく刻された「閑」「謐」「穏」「泰」「憩」「悠々」「無我」「三昧」「和楽」「安堵」「安穏」「ゆるり」など、対面するこちらも穏やかで温かい気分に包まれるような思いのものでした。

しかし、当然のことながら、老いはまた、さまざまな課題と試練に向き合う時でもあります。誰もが向き合い、受け止めていく、「老い」ということについて考えてみましょう。

初めに、老いに対してしなやかに向き合い、豊かな晩年に気づかされる、いくつかの言葉を見てみます。

「三年ほど前、ふと自然のままの自分で行こうと思いきってみたら、すごく楽な気持ちになりました。（髪を）染めなくてもすてきな方はたくさんいます。（中略）ありのままの自分を受け入れる。それができるなら、生きることは随分楽になると思います。〈格好悪くても、頼りにならなくても、失敗ばかりでもいいじゃない！〉。そう思うようにしています」（四十代、女性、「朝日新聞」二〇一〇年五月十六日朝刊）

「いつから我々は健康の信奉者になり、病の敵対者になったのだろう。その中間あたりに、老化を素直に受けとめる姿勢が認められてもいいのではないか。もし健康な老化というものがあるとしたら、それが一番望ましいのではないか」（黒井千次『老いのかたち』）

「最近はやりのアンチエイジングにしても、若いことがいいことで、歳をとるのはマイナスという考え方がその根底にあります。しかし、未熟で青臭く、悔いの多い〈青春〉と比べて、老境というのははるかに豊かで充実した高い境地なのです」（帯津良一『養生という生き方』）

もう一つ、青山霊園に往年の名歌手、石井好子の墓碑を訪ね、その資料にあたっていた時、八十歳に達した時の石井のこんな言葉にも出会いました。
「私はドイツ歌曲、ジャズを経て、シャンソンに行き着きました。好きだったから続けてきました。日本にシャンソンを広めようなど、大それた志はありませんでした。私は不器用で、人より時間をかけないと上達しません。歌がうまいと思ったことはないし、声帯も衰えました。でも、今の歌のほうがいいよと言ってくださる方がいて、私の励みと支えになっています。（中略）私はずっとシャンソンを歌ってきたけれど、今、私は石井好子を歌っている、自分はここにあるんだと思いました」（『語るには若すぎますがⅡ』）
謙虚な人柄を偲ばせる言葉です。しかし、そこに自らのスタイルを貫く、凛《りん》とした姿を見せる言葉でもあります。「私は石井好子を歌っている」「自分はここにあるんだ」――なかなかいい言葉です。人は誰でも成長期、成熟期を過ぎてやがて下り坂に向かいます。しかし、それは単なる下り坂ではありません。それは、「年輪」という新たな熟成へと向かう道程なのです。そんな時、あえて過去の栄光にすがらず、加齢に逆らわず、そのままの自分を受け入れ、「私はいま私を生きている」と言える人生を送れないものかと、石井の言葉はそんなことを考えさせたりします。
人は加齢に伴って、さまざまな体の変化が出てきます。白髪はその一つです。髪に白いものが混じり始め、やがてそれが急速に増えてくる。それを見ると、人は自分の人生の行く末の短さを思い、ひとしお寂しさを感じてしまう、このことは仕方のないことかもしれません。

しかし貝原益軒は蘇軾の「人は白髪を見て憂え、我は白髪を見て喜ぶ」という詩を引きながら、むしろそれは喜ぶべきことではないかと言います。

少なからぬ人が白髪を見る前に死を迎えてしまう、そうした現実を見ていると、髪が白くなるまで生きられたことをまず感謝すべきではないか。年老いて夕日が傾くように死ぬべき時期が近づいていることを感じても、天命に安んじて、悲しむべきではない。加齢とともに老化が進むのは、あたかも四季がめぐってくるというような自然の摂理であり、それを、夕日が傾くように自分の人生もひたすら下降に向かっているのだというような、マイナスイメージでとらえてはいけないというのです。

先の引用のいずれにも、加齢や老化と柔軟に向き合い、肯定的にとらえる余裕が語られています。

老いは「下り坂」という否定的なイメージでとらえるよりも、それをそのまま受け止め、それを楽しむ余裕が重要なのだということになります。

ということは、老いは、「高齢化社会」というマクロな視点からのみでなく、「それぞれの終楽章」としての個別の問題として、あるいは人それぞれの掛け替えのない人生としてとらえていくことが肝要ではないかと思われるのです。

加齢に従って、身心の機能が衰えていくことはある意味で必然で、誰しもそれから逃れることはできません。

しかし、それぞれの向き合い方によって、それを新たの人生のステージとして、豊かな時間とすることもできるのです。

たとえば定年後の過ごし方を見ても人さまざまです。定年退職は職場という舞台からは降りても、人生という舞台から降りることではありません。

加齢も老いも死も、すべてこの自然の営みの中の必然ですから、そのことをいたずらに寂しがったり、悲しんだりすることは残念なことなのです。老いを下降、衰退ととらえずに、新たなステージへの序曲ととらえる、そしてそのステージを楽しむことをこころがけるほうが人生はずっと楽になり、楽しくなるのではないでしょうか。

最後に、心理学者ウィリアム・ジェイムズの言葉を引いておきます。


若くありたいとか、やせていたいという思いから解放されるのは、なんと心地よいことだろう。

先に挙げた墓碑の言葉、「穏」「泰」「悠々」「無我」「三昧」「和楽」「ゆるり」などの言葉の問いかけるところを、深く受け止めていきたいと思うのです。

コラム「墓碑正面に刻された文字」①

## 「一文字」の力

本書の取材・執筆の過程では、人生というものを考えるうえで人々が大切にしてきた言葉に数多く出会いました。本稿では、そうした文章とか、詩や歌や句を中心に取り上げていますが、以下各章の末尾に、コラムとして、もっと短い文字やフレーズを、集約しておきます。

これは、取材時点におけるこの霊園の墓碑を隈《くま》なく調べ上げたもので、その数の多さと多様性に驚かされます。これらの文字は、いずれも墓誌の文章の中にあるものではなく、墓碑の正面一杯に刻されたものです。

一字一字から、文字に込められた思いを読み取っていただきたい。

心　思　眠　慈　道　絆　想　昴　慧　愛　魂　真　悠　和　憩

空　謐　信　夢　宏　穏　浄　幸　宙　無　虚　優　誠　恵　祈

温寂偲実懐静輝碧風智燦仁楽恕泰
花光遥閑念安釋笑縁繋祺輪純灯游
創翔恩睦舞匠霊志敬寧路徳忍洪直
郷濤理継瞳美旅朗還宇華瀞禅燈奏

さて皆さん、これらの文字のなかで最も多かったのはどれでしょう。

まず注目したいのが、人と人のつながりを大切にする、あるいはその重さを語りかける言葉でした。その中で突出して多かったのが、「和」という文字でした。それを刻した墓碑は実に二百十九基もあったのです。

いうまでもなく、「和」とは仲のよいこと、争いのないこと、調和のとれていることなどの意味がありますが、和やか、和むなどの意味もあります。

そのほか、この霊園で出会った「和」のつく言葉を拾ってみると、「和合」「和楽」「和順」「和平」「和気」「和親」「平和」「調和」「温和」「親和」「協和」「融和」「宥和」など実に多彩でした。

こうした言葉の多彩さは、人々がいかに「和」ということを大切にしてきたか、先の墓碑の数の多さとともに、そのことを実感させられます。

たまたま本稿の執筆中に改元された新しい元号は、「令和」でした。

「和」に続いて多いのが、「心」（六十基）、「慈」（四十二基）、「愛」（三十七基）、「偲」（三十基）、「絆」（三十基）、「憩」（二十八基）でした。

次章でふれる仏教詩人、坂村真民《さかむらしんみん》の詩に、次のような一編がありました。

字は一字でいい
一字にこもる
力を知れ

花は一輪でいい
一輪にこもる
命を知れ

# 第二章　これだけは、語り遺したい

## ～私たちはこう生きた

## 波乱の人生も、また人生なり

### 人は他とのつながりの中で生きていく

人はこの世を去る時、どんな言葉を遺していくのでしょうか。墓碑の中から、故人が大切にしてきた言葉、これだけは遺したいと思った言葉など、いくつか拾ってみました。そんな言葉はそれぞれにどこかこころに響くものがあり、生きてきた証《あかし》を物語るものであり、こんな言葉に出会えてよかったと感じることもしばしばでした。

その一つ。

俺らの世は欲しがるものは
　真心で
是さえあれば
　何もいらぬ

つい先日、以下のような新聞記事を目にしました。

東京の山手線池袋駅で、ＩＣカードの残高不足で電車に乗れず困っていたダウン症の少年に、カードにチャージするため、そっと千円札を手渡してくれた高齢の男女がいました。詳細は省きますが、帰宅が遅い少年を心配していた母親に、少年は池袋駅で見知らぬおじいさんが財布から千円札を出してくれたと話しました。

母親はその方に感謝の言葉を伝えようにも、相手がわからず、ツイッターに投稿し、恩人を捜しているといいます。（以上、「朝日新聞」二〇一九年六月七日夕刊）

直接会ってお礼を伝えたい、という母親の願いが叶うかどうかわかりません。

ただこの記事から母親の深い心情が伝わってくるとともに、少年にそっと手を差し伸べた老夫婦と思われる方の誠実な行為が、深い共感を誘います。

最近では稀有《けう》のこととなりましたが、これこそまさに真心であり誠意であるといえます。

『論語』では、孔子が自分の道を貫くただ一つの道理として「恕《じょ》」、つまり思いやり、真心を挙げています。

辞書によると、「真心」とは他人のために尽くそうという純粋な気持ち、偽りや飾りのないこころ、誠意とあります。それは、人間は一人で生きていくのではなく、あくまで人とのつながりの中で生き、生かされているということなのです。そのつながりの中核となるものが誠意、真心と言うことができます。ただ真面目というより、もっと深い意味がそこにあるのです。『論語』などを持ち出すと、もうそれだけである種の抵抗を感じたり、古臭いイメージで片づけられてしまいがちですが、もう一度素直にこれを読み直してみることの意味は決して軽いものではないように思います。この時代のありよう、自身の生き方を踏まえ、孔子の言葉に向き合う時、そこに新しい発見と共感を読み取ることができます。ありがたいものとして、それを押し戴《いただ》くのでなく、自分なりの自由な読み取りが肝要だと思います。そうすると、古典の深さと新しさをあらためて感じ取ることができます。

現代人の生き方について振り返ってみる時、ただ、すべての人がひたすらに豊かさのみを求めてきたわけではないでしょう。過剰な欲望に惑わされることもなく、誰にも知られることもなく、ひたすら他を思いやりつつ、自分に忠実に生き抜いた人も少なからずいるはずです。無名の人の言葉の中に、あるいは日々の暮らしのディテールの中に、本物の感動やさまざまな示唆を読み取ることができるようにも思います。先のダウン症の少年と老夫婦の物語も、その証左といえます。

そんなことを感じさせる言葉にも出会いました。

人は真実を探し、

善《よかれ》と苦悩し、
美しきを求む。
これこそ人間が人間たる
証である
人、皆波乱の中に滅す。

「真善美」という言葉を記した墓碑は、ほかにもありました。

人生を送るうえで、それは大切なこととして語られます。しかし、なかなか理想通り、思い通りにならないのもまた人生なのです。

苦悩と波乱、それもまた人生の真実です。しかし、その人生を受け止め、生き抜くほかはありません。平穏無事の人生もあるかもしれませんが、波乱の人生もまた人生の真実だと受け止めること、その先に光が見えてくることも確かです。先の言葉はそんなことを語りかけているように思います。

「真心」「真善美」などの言葉を記したこれらの墓碑の近くには、「泰」「清心」「穏」などの文字を刻したものもありました。さまざまなことがあった人生であったけれど、いまは穏やかに、泰《やす》らかに眠りについているということでしょうか。

## 桃李もの言わざれども下自《おのず》から蹊《みち》を成す

### たとえ寡黙であっても、惹《ひ》かれる人がいる

大きな自然石に書かれたこんな言葉もありました。

桃李　不言　下自　成蹊

これは『史記』の「李将軍伝賛」にある、「桃李もの言わざれども下自から蹊を成す」という言葉で、辞書によると、「桃や李《すもも》は何も言わないが、美しい花にひかれて人が集まり、その下には自然に道ができる。徳ある者は余計な弁舌を用いなくても、人はその徳を慕って集まり、帰服する」という意味です。

もちろんこれは故人自身の言葉ではありませんが、故人が大切にしていた、あるいは信条としていた言葉でしょう。

また、『論語』里仁第四にも、「徳孤ならず。必ず鄰《となり》あり」という言葉があります。徳のある人は決して孤立することはない、必ずその人のことを深く理解し、共感し、尊敬する人々ができてくるのだという意味です。

同様に、アメリカの思想家で詩人のエマソンは、こうも語っています。


こころから人の役に立とうとすれば、結果として自分自身のためにもなるということは、人生における最も美しい報酬のかたちである

人望とか人徳という言葉が死語になり、饒舌《じょうぜつ》と喧騒が蔓延《はびこ》るいまの時代、もっと大切にしたい言葉とも言えます。

別にきれいごとを言ったり、君子然と生きる必要はないでしょう。ただ、こころの中のどこかに、こうした言葉に共感できる感受性だけは失いたくないと思うのですが。

効率と成果を求める現代にあっては、こうした言葉はあまり大切にされません。むしろ忘れられかけてすらいます。

しかし、「人望」という言葉は生きているように思います。乾ききった社会や組織の中で、たとえ能弁ではなくとも、おのずから周囲の信望や尊敬を集める人はいます。そういう人が強

く求められていることの証左とも言えるかもしれません。

そういう風土が、組織や社会の中に、いまでも残っていることに、いささかの安堵感を覚えたりします。誰しも、長いその人生の中で、あるいは組織人として生きてきた中で、そうした人物に出会ったことはあるのではないでしょうか。私もまた、数は少ないけれど、そうした人に出会いました。決して声高ではないけれど、その言葉に説得力と誠実さがありました。その人柄に温かさと懐の深さがありました。複数の物差しを持ち、複眼的にものを見ることのできる人でした。そこから多くの人材が育ったのも納得できるような気がします。

ただ、人望というものは、意図して作り上げられるものではありません。おのずから出来上がってくるものなのです。

霊園の中には相当の樹齢を数えると思われる樹々が林立しています。とくに冬枯れの季節に、見事に落葉した樹々たちが、虚空に向かって毅然として屹立《きつりつ》している姿を見たりすると、物言わぬその姿に畏敬の念すら感じられ、何かを語りかけているようにも思われるのです。

人生において、この樹々のような人物に出会えること、そのような機会は少ないかもしれませんが、しかしその機会を逸することなく、豊かな人生につなげていきたいと思うのです。

目立つものばかりや、饒舌ばかりに気を取られることなく、身の回りを見つめ直す時、身近なところに新たな出会いや発見があるかもしれません。

## 一切の生きとし生けるものは幸福であれ、安穏であれ、安楽であれ

### 他を慈しむこころは、自分自身をも豊かにする

ほかにも、いい言葉との出会いがありました。
インド哲学、仏教思想研究の碩学として知られる中村元《はじめ》さんの墓には、こんな仏陀の言葉が刻まれていました。

慈しみ

一切の生きとし生けるものは
幸福であれ安穏であれ安楽であれ
一切の生きとし生けるものは幸いであれ
何びとも他人を欺いてはならない
たといどこにあっても

他人を軽んじてはならない
互いに他人に苦痛を与えることを
望んではならない
この慈しみの心をしっかりとたもて

この言葉があえて墓碑に刻されているということは、それが、中村さんの長年の研究の中から大切にしたいものとして、とくに厳選された言葉であるゆえであろうと思われます。

ここには、「慈しみ」という言葉の深い意味が語られています。それは、いまこの時代が失いつつある大切なことを語りかけているようにも思います。

私はNHKに勤めていた時代、中村元さんにしばしばご出演いただき、その学殖と人柄に接する機会に恵まれました。それだけに、中村さんの墓碑に出会い、この言葉を目にした時、深い感懐に襲われ、またこころに深く届くものを感じました。

この言葉に関して、中村さんはほかのところでこう語っています。

「この世に生を享《う》けた者であるからには、お互いに幸せに暮らすように、と願うのは、人びとの真実の心情でしょう。〈われも人の子、かれも人の子〉という思いをもって人びとが進んでいくならば、人びとが争うということもなくなるでありましょう」（『仏典のことば』）

私事に亘《わた》りますが、かつて拙著（『こころの出家』）が縁で、比叡山延暦寺に講演で招《よ》ばれたことがあります。その時に、「一隅を照らす」という最澄の言葉に出会いました。帰ってから中村さんの著作を紐《ひも》解いていた時、やはりこの言葉に出会いました。中村さんは最澄の、「一隅を照らす、此れ即ち国宝なり」（一隅を照らす者、かれこそは国の宝である）について、こう解説しています。

「私たちはともすれば、自分のやっている仕事が何になるだろうと悩む。自分がいてもいなくても世の中はなんら変わらないだろうと、自分の存在意義に疑問をいだき、生きていてもしかたないのではないかと思う。（中略）しかし、人に認められることなど期待せずに、ひたすら道にはげみ、一隅を照らすような気持で努力することこそ真に貴い、と最澄は教えているのである」（『仏教のことば　生きる智慧』）

これもまた、現代に生きる深い言葉であると思います。

そこに、目立たなくとも、凡庸でも、欠点があろうとも、それでいいのだ、そんな自分をそれぞれが大切に生き切ることこそ肝要なことなのだ、そんな励ましを汲み取ることができるように思います。

人々は、こうした「慈しみ」という言葉を、大切にしてきました。この霊園の墓石に大きく刻まれた文字の中には、「慈」という文字が実に四十二もありました。「慈愛」が八つありました。あらためてそのことの意味と重さに思いを馳せることも大切なことではないでしょうか。

## 「陰徳」を死語にすべからず

### さりげなく人を思いやり、報酬など求めない

遺しておきたいこと、伝えておきたいこと、それを刻んだ言葉は少なくありませんでした。それは故人の遺言であることもあるし、また辞世であることもあり、その人や家族が大切にしてきたこと、家訓的な言葉でもあります。

人のお世話をするように、
人のお世話にならぬように、
そして報酬を求めぬように

きれいな黒御影に刻まれたこの言葉は、故人が遺した言葉なのか、あるいはその家族にとって家訓とも言える言葉なのかわかりませんが、いずれにしろ遺された者に対する重要な訓《おし》えと

なる言葉です。

調べてみると、これはかつて外務大臣や東京市長などを歴任した後藤新平の「自治の三訣」にあるもので、後藤が初代総裁をつとめたボーイスカウト日本連盟の行動指針にもある言葉です。

そしてこれもまた、まさにボランティアの精神に通じるものであることがわかります。大きな災害や震災に遭遇する時、あるいは日常のさまざまな場面に見られる多くのボランティアの人たちの献身的な活動が人々の感動を呼びます。それは先の言葉の伝えるところと深く重なるものでしょう。

同じような言葉にもう一つ出会いました。

皆健康に留意し
勤勉にして質素を旨とし
艱難辛苦《かんなんしんく》に耐え
一家の和合を計り
もって子孫の繁栄と
社会に奉仕せんことを

## 後世にお願いします

必ずしも豊かさを求めることは否定すべきことではないでしょう。無理して質素な生活にこだわることもないでしょう。

しかし、この豊かな時代に、こうした誠実に地道に生きることの意味が大切にされてきたとは必ずしも言えません。一方でその誠実さを伝え、守ってきた家族の風景があったこともまた事実であることを、これらの墓碑の言葉は物語っています。

先に挙げた二つのフレーズの、「人のお世話をするように」「報酬を求めぬように」「社会に奉仕せんことを」という言葉は、必ずしも人目にふれることのない善意の行動、いわば陰徳を含むものと読むこともできるように思います。

陰徳という言葉は、いまではもうあまり見かけることは少なくなりましたが、隠れた善意や善行を意味する言葉です。そしてそれは、その善意を受ける人のみでなく、陰徳の提供者たる人のこころをも豊かにしてくれるのです。

貝原益軒《かいばらえきけん》は、こう語っています。

「陰徳とは、善を行いて人に知られんことを求めず、只、心の内にひそかに仁愛をたもち行なうをいう。（中略）凡そ、陰徳は人知らざれども、天道にかなう。故に、後は必ず我が身のさいわいとなり、子孫の繁栄を得る道理あり。かるが故に幸を求むるに、是に勝れる祈禱なし。（中略）陰徳をおこなえば、求めずして福はその中にあり」（『大和俗訓《やまとぞっくん》』巻之三）

これまでの震災時など、一つの善意が多くの人々の感動を呼びました。実は人々の目にふれないだけで、もっと多くの善意がこの世界には隠れていると思います。

NHK時代、視聴者の方にこんな指摘を受けたことがあります。ニュースを見ていると、殺伐な、あるいはこころを痛める報道ばかりで、つらい気分になることがしばしばである、世の中には明るい話題や、こころ温まる素材がもっとあるはずだ、そんな話題などももっと発掘して取り上げていいのではないか、そんな声だったと思います。

たしかにテレビに限らず、新聞を含めて、衝撃的な、あるいは気の滅入るようなニュースが溢《あふ》れています。このような時代ですから、事件報道はメディアの大きな役割であることは当然です。そしてまた、大災害の時こそ、報道がその使命に徹して集中的にこれに取り組むことはジャーナリズムとして当然のことです。ただ、そうした深刻な災害の場合は別として、先の視聴者の指摘が傾聴すべき一面を伝えていることも否定できません。人々は報道に、真実を知る要求と同時に、人と人とのつながりの温かさや共感の喜びをも求めているのでしょう。

陰徳という言葉は、いまではそれを聞くことはきわめて稀なこととなりましたが、この言葉の重要性はもっと注目されてもいいと思います。

先に見たように、益軒が、「求めずして福はその中にある」と言う時、そこに二つの意味が込められているように思います。一つは善行をなすことが結果として自分に福をもたらすということ、そしてもう一つは、善を行うことそれ自体が、その人にとって大きな充足感につながるということです。

決して死語にしたくない言葉の一つ、それが「陰徳」です。

その陰徳には、家訓として語り継がれるものも少なくないように思われます。

本文の冒頭で、いわば家訓とも言うべき語り遺された言葉を二つほど取り上げました。しかし、現代ではそうした家訓的なものを継承し、遺す家が徐々に少なくなっているように思います。

かつてベストセラーとなった『山びこ学校』の著者で、のちに大分県国東《くにさき》市の妙徳山泉福寺の住職をつとめた無着成恭《むちゃくせいきょう》氏はこう語っています。

「日本人が（人生の）縦糸をなくしてしまったんだよ。あなたの家の家訓は何ですか？　そんな言葉さえ日本人は忘れちゃったんじゃないですか。家訓という言葉が死語になってしまったならば、日本は滅びざるを得ないだろうと思いますね。

ご飯の食べ方はこうだよ、ご先祖様はこうしてきたんだよということを教えるのが家訓。家訓とか家伝とか家風とかいうのがあって、その中で大人になっていくんですよね」（「朝日新

聞」二〇〇八年二月十二日夕刊）

家訓とか家風と言うといささか古臭いものとして敬遠されがちですが、自由に伸びやかに生きるということと、最低限のルールを守り、地道に誠実に生きるということとは決して矛盾するものではありません。先に取り上げた言葉をそのまま見習うことはないでしょう。しかし、少なくともそれぞれの家庭で、親が子に伝えるべき「生き方の哲学」というものはあっていいのではないかと思います。

そんなことと関連すると思われる文字を、墓碑の中から拾ってみました。

一文字のものでは、「誠」「魂」「仁」「智」「純」「徳」「敬」「絆」、二文字以上のものとして「敬愛」「善心」「自由」「和楽」「信頼」「和敬」「和やか」「一家和楽」「いつも笑顔で」「まごころ」などがありました。

## 念ずれば　花ひらく

### 逆境を順境に転じる

一方で、子孫の奮起を促す次のような言葉もありました。

人間《じんかん》至る処に青山《せいざん》あれど
何ぞ一草の花たらず
ここにわが子孫出藍の
　　礎を置く
ゆけ行け伸びよ

残された子孫への、熱い思いが語られています。父祖を乗り越えて、伸びやかに飛翔していく子らの未来を願った言葉です。努力すればその未来への道は大きく開かれているというメッセージが込められています。

そして出会ったのが、次の言葉です。墓碑の文字もきわめて印象的でした。

念ずれば
花ひらく

あの「仏教詩人」とも呼ばれた坂村真民《さかむらしんみん》の詩にある言葉です。

故人は、この言葉に深く心酔していたのでしょうか。

真民はまた「癒しの詩人」とも呼ばれ、多くの人々に愛され、この「念ずれば花ひらく」の詩碑は全国各地に建てられています。

この詩の全文を見てみます。

念ずれば
花ひらく

苦しいとき

母がいつも口にしていた
このことばを
わたしもいつのころからか
となえるようになった
そうしてそのたび
わたしの花がふしぎと
ひとつひとつ
ひらいていった

何ごとも一所懸命念ずるように努力すればおのずから道は開けるということを詠んだものですが、三十六歳で夫に先立たれ、悪戦苦闘しつつ五人の子供を育て上げた母への真民のオマージュとも言える詩です。真民は、そんな母を想い、称《たた》える歌を数多く作っています。

この言葉には鎌倉の円覚寺の塔頭《たっちゅう》黄梅院でも出会いました。その円覚寺派の管長、横田南嶺《なんれい》さんは真民に深く共鳴され、日曜説教で話されたものが、『青松閑話』という小冊子にまとめられています。それを、黄梅院を訪ねた時にいただきました。

多磨霊園のこの墓誌のことをあらためて思い出したのでした。

そして同じ多磨霊園に眠る高橋是清《これきよ》の言葉を思い出しました。

それは、高橋の波乱の人生から紡ぎ出された言葉といえます。

霊園正門近くの西園寺公望《さいおんじきんもち》の墓のすぐ近くに、同じく政友会総裁をつとめ、首相をつとめた、高橋是清の墓がありました。高橋は苦学の末に立身を果たし、二・二六事件で暗殺されるという劇的な最期を遂げたことで知られていますが、また昭和前期の財政危機に際し、日本経済の回復に辣腕《らつわん》を振るった名蔵相としても知られ、平成の財政改革が論じられた時、しばしばその名前が登場した人物でもあります。

高橋の墓域の正面の大きな墓碑には「正二位　大勲位　高橋是清墓」と刻され、裏面に「昭和十一年二月二十六日薨」と記されています。「二月二十六日」の文字が、あらためて歴史の記憶を呼び覚ましてくれるようでした。

高橋の生涯を貫いた信念とは何だったのか、それを物語る言葉をいくつか見ておきます。

「盛衰朽隆は人世に免れざる数である。順境はいつまでも続くものでなく、逆境も心の持ち方一つにより、転じてこれを順境ならしめることも出来る。境遇の順逆は心の持ちよう一つで、又これによっていかようにも変化させられる。（中略）

元来人がこの世に生を享けた以上、自分のことは自分で処分し、始末すべきである。他人に依頼しその助力を仰ぐのは、自己の死滅と同じであると信じている。故にいかなる困難に逢ったとて、予は他に依頼しその助力を受けようと思ったことがない」（『高橋是清　立身の経路』）

これは遺された言葉のほんの一部ですが、それは高橋がその波乱の生涯から学び取った、あるいはその高橋しか語りえない珠玉の言葉といえます。

それは、念ずれば花ひらくと詠《うた》った坂村真民の言葉と重なるように思います。

また、この霊園には、高橋是清と同じく二・二六事件の犠牲者となった渡辺錠太郎陸軍教育総監の墓もありました。そこには、渡辺の娘であり、かつてのベストセラー『置かれた場所で咲きなさい』の著者、渡辺和子さんも、父とともに眠っていました。

その渡辺和子さんの言葉から一つを引いておきます。

「今」という瞬間を意識して生きたいと思う。「今の心」と書くと「念」という字になると気づいた時、「念ずれば花開く」ということばの意味がわかるように思ったものである。「今」をたいせつにして生きないと、花は開かない。「今」をいい加減に生きると、次の瞬間もいい加減なものとなり、いい加減な一生しか送れないことになってしまうかも知れない。（『愛をこめて生きる』）

## 出会いこそが、人生を決める
### 人の世の幸不幸は、出会いから始まる

こんな墓碑にも出会いました。

人無遠慮
必有近憂

調べてみると、これは『論語』巻第八　衛霊公第十五にあるもので、金谷治訳注（岩波書店）では、「子の曰《のたま》わく、人にして遠き慮《おもんばか》り無ければ、必らず近き憂い有り」とあり、その意味は、人として遠くまでの配慮がないようでは、きっと身近に心配ごとが起こる、ということです。

将来のことをきっちりと考えて、ことに当らなければ、そのうちにトラブルに遭ったりするだろう、という子孫への戒めの言葉でしょうか。

出会った墓碑の言葉から、もう一つ。

人の世の幸不幸は
人と人とが出会うことから
はじまる
よき出会いを

人の一生は、いわば人との出会いの連続です。友人、隣人、師弟、異性、連れ合い、同僚、上司、部下など、さまざまな出会いが、その人の人生を彩ります。一つの出会いが、その人の人生にとって決定的である場合が少なくありません。

そのことをしみじみと感じた人の言葉でしょう。それを、ぜひとも語り遺したかったのです。その墓碑の文字も実に味わい深い。多くの人の共感を誘う言葉といえます。

それは多くの人物たちの評伝にも見られるし、また誰しも経験することでしょう。

ほぼ同時代を生き、南原繁や矢内原《やないはら》忠雄ら多くの門弟を育て、非戦と平和を唱え、キリスト教徒として生涯を貫いた二人、内村鑑三と新渡戸《にとべ》稲造もともにこの霊園に眠っています。

二人は、かのクラーク博士で知られる札幌農学校で出会い、以来、終生交友を続けました。

この二人と、その弟子たちとの出会いは、いわば日本人の精神史を語るうえで大きな意味を持つことになります。

霊園のほぼ東南の端、東門から入ってすぐ近くに、白御影の洋型の墓碑に英文で書かれた文字の墓が目につきます。内村鑑三の墓です。

I for Japan,
Japan for the World,
The World for Christ,
And All for God.
(われは日本のため、日本は世界のため、世界はキリストのため、そしてすべては神のために)

無教会主義を唱え、「二つのJ」(日本とイエス)に仕えることを信条とした内村が残した言葉です。

その内村の墓碑から程近いところに、新渡戸稲造の墓があります。新渡戸は、あの五千円札の肖像でも知られていましたが、近年その著『武士道』が話題となり、脚光を浴びました。

背の高いツゲの生垣に囲まれた静謐《せいひつ》な空間の正面にある赤御影の墓石には、稲造とメアリー夫人の名が英字で刻まれています。かねて新渡戸の本をもう一度読み直そうという思いがあったゆえか、その墓に遭遇した時、どこか深い感動と懐かしさを覚えました。

実際、新渡戸の墓を訪ねるファンは少なくないようで、私も散策の途中、その墓の場所を聞かれたことが再三ありました。

その新渡戸と内村の出会いが札幌農学校であったということは寡聞にして知りませんでした。この内村と新渡戸に深い薫陶を受けた後輩たちの中に、ともにかつて東大総長をつとめた、南原繁と矢内原忠雄がいます。

矢内原は、太平洋戦争終結後まもない一九四六（昭和二十一）年九月二十七日、内村と新渡戸が学んだ札幌農学校を前身とする北海道大学での講演で、こう語っています。

　人間の一生は神の結び給い又導き給うところでありまして、考えて見まするると、内村、新渡戸両先生なくしては今日の私は無かったのであります。………内村、新渡戸両先生は私にとりては太陽のごとく月の如く、父の如く母の如くである。

まさにこの言葉は、出会いの不思議、出会いの重さを物語っているといえます。

そして偶然にも、内村と新渡戸、南原と矢内原、そしてその弟子の日本政治思想史の丸山眞男も、ともにこの多磨霊園で長い眠りについているのです。

## 人は思い通りにならないものだ、俗物は相手にせず
### 渡るに楽でない世間を、どう賢く生きていくか

これまで故人が言い遺した大切なことや伝えたいことなどを取り上げてきましたが、ここではより処世訓的なものをいくつか見てみます。

とかく渡るに決して楽ではない人生です。それを知ったうえで、どう生きていくかの知恵が問われるのです。

怒らねばならぬ
ときあり怒りては
ならぬが人の
歩むべき道

処世訓として語り残されたものでしょうか。それはわかっていても、なかなか凡人には難しい。しかし、この墓碑の近くには「忍耐」と大きく書かれた墓碑もありました。たとえ困難であったとしても、それに向かって努力することの重さを語り残したものでしょう。散策を続けていくと、この言葉と響き合うような、こんな言葉にも出会いました。

## いつも喜びなさい

新約聖書「テサロニケ人への第一の手紙」第五章十六節にある聖句です。そして「絶えず祈りなさい」（十七節）、「すべてのことに感謝しなさい」（十八節）というフレーズが続きます。

故人が大切にしてきた言葉でしょう。

生きていくうえでは、さまざまな状況に遭遇します。感動の時もあれば、怒りや失意に翻弄されることもあります。思い通りにならない人生ではありますが、もともと人生とはそういうものなのだ。それを受け止め、些事に惑わされない人生の本当の喜びを知り、感謝の気持ちを忘れない、そんなポジティブな生き方もあるはずです。

なかなか難しいことです。しかし、どこかこころに残る言葉でもあります。

冒頭の言葉に関して、貝原益軒の語るところを聞いてみます。

「およそ、人の心の同じからざるは、その面のごとし。世間の人ごとに、各々心変われる故に、人の為すわざ、我が思うごとくならざるは、人の心のありさまのかくの如しと思い、我が心にかなわざるとて、人を咎むべからずこれを堪忍していからず、言葉に出さざれば、無事にして我が心安く、人にさわりなし。これ世にまじわる道なり」（『大和俗訓』巻之八）

日常の付き合いの中で、自分の思うようにならなくてイライラすることは少なくありません。どうしてこうなのかと理解に苦しんだり、不愉快になったりすることもしばしばです。

しかし思うようにいかないとしても、それは当たり前のことなのだと益軒は言います。人のこころはその人の顔と同じようにそれぞれ違うのだから、自分の思い通りにならないからといっていちいち怒ったり、人を咎《とが》めてはならない、少しだけ我慢して言葉に出さないでいれば、万事はうまく行き、自分の気持ちも楽になり、相手にも支障がなく、これは世に交わる道だと言います。

そして、「君子はみずからをせめて人をせめず。故に善を己に求む。小人は人をせめて、みずからせめず。ゆえに善を人に求む」と言い、君子と小人を対比して、人に交わる道を説いています。

なかなか難しいことです。人はそんなに簡単に君子になれません。ですから、ここでは、君子という言葉を、聖人君子というような堅苦しいものとして考えずに、「賢く知恵あるもの」

くらいに緩やかに考えたらどうでしょう。些細なことで相手を責めたり、怒ったりする前に、一呼吸置いて自分を冷静に見つめ直す余裕を持とうというぐらいに考えたらどうでしょう。そうでなければ、いつもイラついたり、不満たらたらで大切な自分の時間を無駄にしてしまうことになります。

益軒は、相手が道理に合わないことを言ってそれに固執しても、これにまともに取り合って、こちらも言葉を荒げたり顔色を変えて怒ったり争ったりすることは、自分も相手の土俵に乗ってしまうことになり、相手と同じ小粒の人間になってしまうことなのだと言います。ですから、相手が思うようにならないことにいちいち過剰に反応したりするのは、結局自分が損することになるのではないでしょうか。

テレビを見ながらいちいち突っ込みを入れたり、怒ったりする人がいます。たしかにどうしようもない俗物が偉そうなことを言ったり、仲間同士ではしゃぎまわったりで、低劣な場面に遭遇することもしばしばあります。まあ、テレビ相手にどうこう言うのは遊びであり、リラックスであり、カタルシスなのだからとくに問題はないでしょう。

ただ、世間に交わる時、俗物や自分の思い通りにならない相手にいちいち過剰反応していたら、付き合いがうまくいかないことになり、結局、自分の時間を無駄にすることにもなります。

これからは楽しみの人生を送ろうと思う時、そんなことで大事なエネルギーと時間を浪費したいとは思いません。人それぞれです。これは先の、我も凡人、人も凡人と多少重なりますが、はっきり言えることは、相手が自分にとって常に十分満足のいく存在であることを求めるのをやめることです。

処世術なんて要りません。世渡り上手である必要もありません。自分も相手も不完全で未熟だということをまず認めましょう。不完全なもの同士がそこそこの折り合いをつけていく最低限の知恵を身につけることも必要でしょう。

しかし、無理して善人になることもありません。もちろん、ほんとうに怒るべき時は、厳しく怒ればいいのです。

ともかく、どうしようもない俗物との付き合いからはさっさと降りること、大人の付き合いには、そうしたしなやかさと潔《いさぎよ》さが必要だと言えます。

## できるかできないかを問う前に、まず始めることだ
### やるかやらないか、それは自分の決断だ

こんな言葉にも出会いましした。

明日は今日つくられる

できるかできないかではなく、
したいかしたくないかである

日本赤十字社を中心に、戦後の青少年教育に尽力した橋本祐子の墓誌の言葉です。
前者は、よく聞く言葉ですが、アメリカの著名な経営学者ピーター・ドラッカーも、同様な言葉を遺しています。

後者は、「できるかできないかではなく、やるかやらないかである」と書かれたりしますが、まず行動し、実践することの重要性を語った言葉です。

墓誌にこのような言葉を遺すということは、故人の相当強い信念であったことがうかがえます。

こんな英文にも出会いました。英文による墓碑の刻字はよく目立つものであり、それだけにインパクトも大きくなります。

Learn from yesterday, live for today, hope for tomorrow.
The important thing is not to stop questioning.

これはアメリカの理論物理学者で世界平和運動にも尽力した、アインシュタインの言葉です。昨日から学び、今日のために生き、明日に対して希望を持つ。大切なことは、常に疑問を持ち続けることである——なかなか深い言葉です。

いろいろなところで引用されるこの言葉を、故人は大切にしてきたのでしょう。それを辞世として遺したのでしょうか。

励まされる言葉です。

同じこの霊園の高橋是清の墓のすぐ近くに、政治学者、吉野作造の墓碑がありました。吉野は民本主義を唱えた、大正デモクラシーの指導者として知られています。その吉野はこんな言葉を遺しています。

人は機会さえ与えられれば何人《なんぴと》でも無限にその能力を発揮するものである

大正デモクラシーの旗手という硬いイメージとは別に、そうした吉野の温かくて柔軟な人柄や思想が、多くの人の信望を集めた背景にあると言っていいでしょう。

また吉野が色紙に好んで書いた言葉に、

路《みち》行かざれば　到らず
事為《ことな》さざれば　成らず

があります。荀子の言葉を下敷きにしていると考えられていますが、先の引用と同様に、まず行動することの重要性を語ったものと言えます。

気骨の人、吉野の温かい励ましの言葉です。

古今東西のさまざまな人々が、響き合う言葉を遺していることに、深い感銘を受けました。それは、この混沌とした時代に戸惑いつつ生きる現代人たちに対する励ましの言葉ともなっています。

## ひとりの喜びは皆の喜び　ひとりの悲しみは皆の悲しみ

### 人は独りではないと考えることが、大きな励ましとなる

このような漢文の墓碑も目にとまりました。

雄亨飛翔
八面玲瓏

雄はすぐれた、強いという意味で、享は上下限りなくといった意味です。「八面玲瓏《れいろう》」とは、どの方面から見ても美しく透き通っていること、あるいは心中に少しの曇りもなく、わだかまりのないさま（『広辞苑』）とあります。

医学博士、渡辺一頼氏の遺した言葉ですが、故人が信念として大切にしてきた言葉でしょうか。

同様に、信条を表すこんな墓碑にも出会いました。

ひとりの喜びは皆の喜び
ひとりの悲しみは皆の悲しみ

そういえば、「友の憂いに吾は泣き、吾が喜びに友は舞う」（旧制一高寮歌）という歌の一節もあったことを思い出します。

それは人とつながることの喜び、人のために善を行う喜びに通じるものと言えます。

貝原益軒は、善を行うことは最高の楽しみであり、そしてそれは世俗の楽しみとは違う喜びを伴うものであること、世俗の楽しみはいわば耳目口腹の楽しみであり、自分の欲求を満足させるだけにとどまる、それに対して善を行う楽しみはもっと広くて深いと言います。

そしてその楽しみは身分や富貴にかかわらず、誰にでもできる楽しみであり、「凡《およ》そ、善をすれば、わが心快く、人も亦《また》よろこび随《したが》う。またたのしからずや」と語ります。

益軒が言いたいのは、善とは特別の善行のことだけではなく、むしろ日常の生き方の中にあるものであり、そしてまた、人とつながる悦《よろこ》びであるということです。ただ自分の欲望を満足させるだけの悦びだけでこの人生を過ごすのは、なんとも薄っぺらで淋しいことだろう、我も快く、人もまた悦ぶ、それはまさに、人と人がつながる悦びと言えるでしょう。

二〇一〇年の暮れに大きな話題になり、いまでも続く一連のタイガーマスク運動は、私たちにそんなことを思い出させました。一つの善意が大きく広がっていきました。これに関してはさまざまなコメントがなされていますが、ともかくこうした連鎖現象が起こり、多くの人々の共感を呼んだということは、人々の中にそうしたつながりの持つ温かさや充足感への深い思いがあるということを示しています。

こうしたことは、何も特別のことではありません。災害の時、豪雪の時、そして最近では東日本大震災や熊本地震、北海道胆振《いぶり》東部地震、西日本豪雨災害などの時などに、多くのボランティアが結集しましたし、全国から数々の善意が寄せられ、あるいは世界各国から援助隊が派遣され、義援金が寄せられました。

自分さえよければという風潮が蔓延るなか、一方でこうした温かい人と人とのつながりが大きな感動を呼びました。

また、熊本市に住む私の知人は、仲間とともにラオスの高校生のために学寮を建設したり、生活の支援を行ったりしています。何の見返りもない、こうした行動がもう十年も続いているということに、ただ敬服するばかりです。おそらく本人は意識していなくとも、そこには人と人がつながることの充足感があると言えるでしょう。

こうした悦びは、「必要とされる悦び」と言っていいかもしれません。しかしそれは、特別な事態とか、非常時に限られることではありません。

いま、さまざまなＮＰＯやボランティア団体によって、多様なつながりのネットワークが構築されています。

つながる悦び、それは誰もが身近に感じ、実践できることでしょう。個人でも、さまざまなかかわり方があります。

そして、どんな時でも人は一人ではないと考えることが、大きな力となり、励ましとなるのです。

## Like a Bridge Over Troubled Water I Will Lay Me Down（「明日に架ける橋」より）

どんなつらい時にも、そばで支えてくれる人がいる

先のアインシュタインの言葉のほかにも、英文で書かれた印象的な墓碑にも出会いました。そのいくつかを引いておきます。

April shower bring May flowers

とくにコメントの必要もないでしょう。四月の雨が五月の花を咲かせるという格言で、不安で不調の時期の後には、幸せな時期がやってくる、あるいは、不遇の時代はあっても、真摯《しんし》にそれに向き合っていけば、やがてそれは安定した幸運の時をもたらすだろうという意味でしょう。冬来りなば春遠からじ、か。

故人が、遺された者に贈る、こころのこもった言葉と見ることができます。

そして、私自身にとっても深い思いを喚起する、あのフレーズにも出会いました。

墓碑の正面に、このような英文が刻されていました。

Like a Bridge Over Troubled Water

かの有名な、サイモンとガーファンクルの「明日に架ける橋」の一節です。この歌は一九七〇年に発表され、全世界に広く受け入れられ、グラミー賞の年間最優秀アルバム賞など多くの賞を獲得したことでも知られています。

そして多くのアーチストたちにより、カバー曲が発表されました。

原詩の冒頭の部分を見てみます。

When you're weary, feeling small
When tears are in your eyes
I'll dry them all
I'm on your side, oh
When times get rough

And friends just can't be found
Like a bridge over troubled water
I will lay me down
Like a bridge over troubled water
I will lay me down

君が疲れ果てて、つらい状況に陥った時、僕はいつもそばにいて、激流に架かる橋のように身を投げ出して君を支えてあげる、と歌うこのフレーズは、熱い共感の渦を巻き起こしました。この時期に青春から壮年にかけての時代を送った人々にとっては、忘れがたいものとなりました。そこから大きな生きる力を与えられたという人も少なくないでしょう。

おそらく故人もその一人であったのでしょう。その人の人生とともに、いつもこの歌があったのでしょう。

そして、この世から旅立ってしまっても、私はいつもそばにいて、あなたを想い、支え続けているよというメッセージともとれます。

また、墓碑に対面していると、この墓碑を建てた、故人を思う遺された者の気持ちも熱く伝わってくるのでした。

ほかにもさまざまな友情や交友のかたちがあります。

鎌倉の古寺や霊園を訪ねた時、そこに眠る故人たちの、深い感銘を受けた、ある交友関係に出会いました。文藝春秋の社長をつとめた池島信平と作家、今日出海《こんひでみ》の付き合いです。

今日出海はこう語っています。

「男は時には気が滅入ることがあるものだ。そんな時、綿々と愚痴を述べる奴は男とは申し難いが、しかしそれでも滅入ったりした時、酒か友が欲しいものである。池島信平はかかる場合欠かせぬ友として誰からも、先輩同僚後輩からも慕われる因果な性分を持っていた。だが、池島とても侘びしい思いに、ふと捉われることがあるらしい。するとその相手に私が選ばれるのが今までの習いである」（『雑誌記者』）

羨《うらや》ましい限りです。こんな友人を持てることは最高の幸せと言えます。特別親しいとか、頻繁に会うとか、刎頸《ふんけい》の友とか言うわけではないけれども、必要な時、あるいは肝心な時、頼りになり、また支えてくれるいわば心友とでも言うべき相手を持つことが、いかに幸せなことか、そんなことを感じさせます。

それだけに、そんな掛け替えのない友人を亡くした時の喪失感もまた、半端なものではありません。

作家、井上靖が小林勇（元岩波書店会長）について書いた文章があります。

「時々、小林さんが健在であったらと思うことがある。かなり烈しい思いで、小林さんと一緒になり、一緒に酒を飲みたいと思うことがある。年々歳々、そうした思いはしげく私を見舞いそうである。（中略）最近小林さんにも、池島（信平）さんにも、聞いて貰いたいようなことが、身辺にたくさんあることに気付く。そうした時の、そうしたことのできないと知った時の思いは格別である。人生の淋しさというものは、こういうことであろうかと思う」（『回想　小林勇』）

小林への熱い思いが語られています。

「人生のさびしさ」――そんなことを、人は時折感じることがあります。でも、その人の喪失に、そんな淋しさを感じさせる交友を持つことのできた人生もまた、素晴らしいものであったと言えます。

最後に、しみじみとした男同士の友情を物語る、作家、藤沢周平の作品の一節を引いておきます。

藤沢は市井の庶民や下級武士などの日常と哀歓を描く時代小説の名手と言われています。『蟬《せみ》しぐれ』や『用心棒日月抄《じつげつしょう》』などは広く読まれた代表作です。

ここで取り上げたのは、『三屋清左衛門残日録』の終わり近くの一節です。清左衛門と旧友の町奉行、佐伯熊太とが酒を酌み交わす場面です。その場面を、一部省略しながら見てみます。

その夜の酒は清左衛門もうまかった。酒もさることながら、ほどのよい夜の寒さと酒の肴《さかな》のせいでもあったろう。（中略）

佐伯の鬢《びん》の毛が、いつの間にかかなり白くなっている。町奉行という職は心労が多いのだろう。

白髪がふえ、酔いに顔を染めている佐伯熊太を見ているうちに、清左衛門は酒がうまいわけがもうひとつあったことに気づく。気のおけない古い友人と飲む酒ほど、うまいものはない。

「今夜の酒はうまい」

清左衛門が言うと、佐伯は湯上げはたはたにのばしていた箸を置いて、不器用に銚子をつかむと清左衛門に酒をついだ。


短い、淡々とした表現の中に、しみじみとした心友同士のこころの通い合いが感じられる場面です。言葉は少なくとも、二人の長い交友と信頼感の深さが胸に届きます。無言で不器用に相手に応える佐伯の心情も熱く伝わってきます。

そして、人生において、そんな掛け替えのない友人を持つことが、いかに幸せなことかと思わせます。

## 毀誉褒貶《きよほうへん》は恃《たの》むところに非《あら》ず

### 世評など意に介せず、ひたすらわが道を行く

それぞれの生涯を、志高く、一筋に生き抜いた人々にも数多く出会いました。そのいくつかにもふれておきます。

日本の精神病理学の先駆者と言われる、呉秀三《くれしゅうぞう》の墓碑の言葉もこころに残りました。

伝記も著作も、世上の褒貶も、
結局のところ父の恃むところではなかった。
癲癇者に対する心遣ひと、
先哲の徳を恢《ひろ》めることこそ
その業であり志であったと
推すべきものがある。

これは「呉秀三先生五十年記念会」による墓碑に刻まれた、ご子息の呉茂一氏の言葉です。最も身近にいた者の目に映った、「志」の記憶であると言えます。

褒貶とは「毀誉褒貶」の褒貶で、（褒《ほ》めたり貶《けな》したりの）世間の評判ということ、「恢める」とはひろめることで、広く知られ、行われるようにする、ということです。

呉秀三が当時の精神医療の状況を人道的立場から批判した、「わが国十何万の精神病者は実にこの病を受けたるの不幸の外に、この国に生まれたるの不幸を重ぬるものと云ふべし」（「精神病者私宅監督ノ実況及ビ其統計的観察」）という言葉は重い。

患者を一人の人間として尊重し、またカネや名誉とは縁のない、徳ある医の道を志した呉秀三の生き方は、医の道に携わる者にとってはもちろん、私たちにとっても多くの示唆に富んでいるように思います。

大きな横長の黒御影の墓石いっぱいにこんな文字が刻まれていました。

一生造悪ノ
凡夫ナレド
タダ念仏シテ

本願ニ帰ス
釈大成

その墓碑の裏面にはこう記されています。

「天野大成六十八歳歿　二十四歳ニテ慈恩寺第二世住職を継職　親鸞聖人ノ真宗ヲ心ニ住職四十四年ヲ尽クシ　多クノ人ノ頼リトナル　書画落語等古キ良キモノヲ好ミ尊ブ　智慧才覚ニ勝リ　ユーモア溢ル気骨ノ人」。

「一生造悪ノ凡夫」（造悪とは悪事を行うこと）と謙遜しながら、四十四年にわたって住職を勤め上げ、多くの人に頼られ、信頼される存在であった人物である。しかも堅苦しく仏の道を説くというより、多趣味で、才覚豊かで、またユーモアに溢れ、しかし、気骨のある人物と書かれ、その人間像が偲《しの》ばれます。偉いお坊さんではなかったけれど、生涯、地域の人々の厚い信頼を受け、深く頼られる存在であったことでしょう。

なんとなく生きづらく、未来に希望が持てず、不条理な人生に、日々迷うことの多い人々にとって、こんなお坊さんがもしいたとしたら、ずいぶん力強いことだろうと思います。ある意味でそれはカウンセラーとしても頼りになる存在とも言えるでしょう。

いま、全国のお寺が相次いで消えていく中で、寺社と僧職の新たな意義と可能性を物語っているようにも思います。

ユニークなお坊さんの言葉に出会えて、この日の散策は得をした気分になりました。

その生涯を、ある道ひと筋に貫いた人、ということを考える時、いわばすべての人が何らかのかたちでその人生を「ひと筋に」生き切ってきたに違いないと言えるでしょう。しかし、著名な人物はともかく、無名の人はあまり言葉を発することもなく、その生きた姿が広く知られることがありません。

しかし、こうした墓碑の言葉を丁寧に拾っていくと、有名無名にかかわらず、一人一人の人生はそれぞれに重く、掛け替えのないものなのだと、つくづく思われるのです。そして、その言葉の一つ一つが、深く静かにこころの奥深くに届いてくるのです。

墓地というと、神聖で静謐というイメージがありますが、しかしそこは、私たちに生きる意味と力を与えてくれる、豊かなメッセージに満ちた場所であるようにも思われるのでした。

霊園の散策には、そんな思いがけない収穫もあるのです。

## 汝の道を進め、人をして言うに任せよ

### 信念に徹し、前に進む

霊園を覆う樹々と墓石の間を歩いていると、その多くは何も語らないけれど、その墓石の一つ一つにそれぞれの掛け替えのない人生があったであろうという思いに駆られます。そして、時折出会う文字や言葉に、その人の生きた姿や貫いた信念と言うべきものを見ることができて、感動と畏敬の念を誘います。ここでは、有名無名を問わず、そうした言葉のいくつかを集めてみました。

初めに、反権力の闘いに生涯をささげた人の言葉。

墓碑には、

「汝の道を進め　人をして言うに任せよ」

という言葉が刻まれ、その下に次のような言葉が記されています。

軍事教練を拒否し、徴兵を忌避し、
反侵略戦争の闘いを貫き、
そして反権力、反差別の戦いと農民運動に
心を傾けて生きた父、信じた母

信ずるところに従ってその意志を貫いた生き方には、畏敬の念を禁じえません。

当時を知らない人々のために、一言付け加えておくと、軍事教練というのは、戦前、旧制中学校以上の学校での、配属された現役将校による教練で、正式の科目として実施されたものです。単なる軍事訓練でなく、思想教育も兼ねていたと言われます。

この墓碑に眠る大富文三郎氏は、治安維持法で幾度も逮捕されながら、みずからの信念に基づき、非転向を貫いた人です。

文三郎氏の長女の啓子さんによると、先の「汝の道を進め　人をして言うに任せよ」はマルクスの言葉で、文三郎氏はこの言葉を書いたメモを、いつも手帳の中に忍ばせていたということです。

墓碑は小さく、静謐な一画にありますが、その訴えるところには圧倒的な力強さを感じるものがありました。

とくに、「人をして言うに任せよ」という言葉が強く印象に残りました。

また、同じこの霊園では、在野のジャーナリストとして反戦反軍を貫いた桐生悠々《きりゅうゆうゆう》の言葉にも出会いました。その墓誌には、自筆の言葉が鮮明に刻されていました。

蟋蟀は
鳴き続けたり
嵐の夜
悠々

蟋蟀とは「こおろぎ」と読みますが、もちろん、時代に抗して戦い続けた自身のことを詠んだものです。

桐生悠々は、一八七三（明治六）年生まれで、「下野新聞」「大阪毎日新聞」などの記者をつとめた後、「信濃毎日新聞」の主筆をつとめました。一貫して反体制、反戦の姿勢を貫き、一九三三（昭和八）年に執筆した社説「関東防空大演習を嗤《わら》う」が軍部の批判を受け、退社しました。退社後、名古屋で個人雑誌『他山の石』を発刊、軍部批判を続けました、その『他山の石』に「緩急車」という欄を設け、悠々はそこで時事を論じました。その「緩急車」欄を設けるにあたって書いた文章の中に、次のような一節があります。

新聞記者生活三十余年、しかも到るところに孤軍奮闘の大悪戦を続け、今漸《よう》くや囲《かこみ》を潰《つい》えて帰り来り、遙に一百里程塁壁の間を顧れば、我剣は折れ我馬は倒れている。かくして彼はあわれにも秋風屍《しかばね》を故郷の山に埋むるや。

このように書いた後に、先の一句「蟋蟀は鳴き続けたり嵐の夜」が続いています。『抵抗の新聞人　桐生悠々』の中で、井出孫六は、「〈記者生活三十余年〉の経験から、前に出て撃たれることは重々承知していた。しかし、嵐の前に生けるものすべてが声をひそめるとき、声をかぎりに鳴きつづける蟋蟀に己を擬せずにはいられなかった」と書いています。

生涯をかけて権力と戦い続けた悠々は、一九四一（昭和十六）年九月十日、太平洋戦争開戦の直前、その生涯を閉じました。

ヒノキとツツジなどの植栽に囲まれたその墓は静謐なたたずまいを見せていますが、没後五十年に建てられたという左手の墓誌に刻まれた先の一句は、読む者に強烈なインパクトを与え、確かなメッセージを伝えているように思われました。

一八九四（明治二十七）年の日清戦争勃発から一九四五（昭和二十）年の太平洋戦争敗戦まで、

この国の歴史は、まさに戦争の歴史でした。多くの国民がその激流に巻き込まれ、犠牲を強いられたのです。

若くしてその人生を引き裂かれた人、抗《あらが》いようのない時代の奔流に飲み込まれた人々、しかし一方でその流れに抗して、信念を貫いた人々、時代と闘った人々など、そんな人たちの人生や遺した言葉を目にする時、この霊園はまさしくそうした時代を映す鏡であるということを実感するのでした。

そのほかにも、墓碑に大きく刻された平和と反戦を希《ねが》う言葉やメッセージには、

「平和」

「天地平安」

「世界に平和と絆を」

「平和を願って　ここに眠る」

「草原に　小犬はなして　草枕　悠久の空　平和を祈る」

“Peace”

“In Peace and Eternity”

などのフレーズを刻したものが数多く見られ、人々の、戦争への深い反省と、平和への希いの強さをあらためて実感させられたのでした。

## コラム「墓碑正面に刻まれた文字」②

## 「二文字」の重さ

想う　海へ　眠る　歓び　集い　視る　祈り　ゆり　偲ぶ

笑顔　天翔　久遠　追憶　如夢　感謝　慈愛　慈光　無我

肱臥　沓掛　仰瞻　幸心　楽天　親愛　悠久　清心　永眠

敬愛　安堵　善心　邦楽　自由　光明　望郷　清風　再会

球琳　平和　天地　天空　永遠　悠悠　自然　和心　花香

解放　良心　和楽　太陽　寂静　安眠　我生　我楽　邂逅

三昧　寂光　平安　夢幻　信頼　静謐　優愛　宇宙　有意

真心　安穏　待望　情熱　追想　大愛　彩風　洗心　和敬
追憶　真理　碧空　清和　静寂　鎮魂　彩雲　四恩　泡沫
楽邦　朋慶　故山

二文字の言葉は実にさまざまで、バラエティに富んでいますが、突出して多いものはあまりありません。最も多かったのが、「慈愛」（十三基）で、「感謝」（六基）、「清心」「永眠」（いずれも四基）と続いています。

# 第三章　人生というもの

## 〜旅の終わりに見えてくること

## 苦難の歳月なれど、そこに花は咲く

### 運命には逆らいがたい、しかしそれに向き合うのも人生だ

霊園を歩いていると、実に夥《おびただ》しい墓石群が整然と並んでいます。それらは一見没個性的にも見えますが、その一つ一つに重くて深い人生があったのだろうという思いにも駆られるのです。その墓の多くは、もはや黙して何も語りませんが、時折、「人生」というものを感じさせる、きらりとした言葉を刻した墓碑に出会うこともあります。

こんな歌にも出会いました。

いにしえの
ふみをよみつゝ
ただ思ふ
人の運命の

おかしがたきを

墓誌によると、この歌の作者と考えられる古藤文さんは、「昭和四十一年七月二十五日、亡夫秀三を慕い、長男太郎を憐れみて逝く、享年七十四歳、生前トインビーの史書を学びその心を敬する」とあります。そして長男太郎氏については、「昭和二十年四月五日、祖国のためフィリピンに戦って死す、享年二十二歳」とあります。

あまりにも早すぎる長男太郎さんの死、美を愛し、その道を志した太郎さんの夢は叶いませんでした。それは人の運命というものについて抗《あらが》うことのできないその侵し難さを痛切に感じさせるものでした。

その後、英語の教師をつとめ、歴史の研究者として生き抜いた母、文さんは、太郎さんの死の二十年後に、夫秀三氏と長男太郎さんのもとに旅立ったのです。

人の命には限りがあるのだということはわかっていても、そのあまりにも若すぎる死に向き合うことは限りなくつらいものに違いありません。

人生というものはしばしば不条理で苦難に満ちたものであり、あるいは儚《はかな》く孤独なものでもあります。しかしその歳月を受け入れ、向き合っていくほかはありません。

そんなことを考えさせる句もありました。

人生の幸福短し
苦難の道に
花が咲く

有限で苦難の道であるけれども、それはまた生きるに値するものと言えます。そしてあの有名な『方丈記』の冒頭の一節にも出会いました。

ゆく川の流れは絶えずして
然かも本の流れにあらず
よどみにうかぶうたかたはかつ消えかつ結びて
久しくとどまることなし、
いにしへ見し人は
あしたに死し夕べに生るる習ひも
只だ水泡にぞ似けるなり
（墓誌の原文のまま）

そして、この一節のあとに、次のような言葉も添えられていました。

人、愛欲の中に生れ、
独り生き独り死す

これは、『無量寿経』の中にある言葉で、原文は「人、世間の愛欲の中に在りて、独り生まれ、独り死し、独り去り、独り来る」となっています。

人は愛欲に満ちたこの世界に一人で生まれ、一人で死に、一人で去り、一人で来るのだ、どんな事態や困難に遭遇しても、誰も代わってくれないし、ただそれに一人で向き合い、一人でそれを受け止めるほかはない、という意味でしょうか。

人生というもの、生きるということをしっかりと見つめ、それを受け止めていく、そんな覚悟を語っています。

こうした言葉は、故人が何より大切にしていた言葉であり、また後の人に遺したい言葉であると考えられます。たとえ古典や仏典からの引用であっても、人それぞれが、長い人生の中で、実感し、深い共感を覚えたことであり、その人の生きた姿を偲《しの》ばせるものがあります。

## 悔いあれど悔いなし、それが人生だ

### 悔い多き人生なれど、いまはもう、今日を大切に生きたい

私たちは、生まれたその時代の環境の中で生きていくしかありません。そしてしばしばそれは生きづらいものであり、過酷ですらあります。

そうした貧しい世相や時代の波に翻弄されながら、あるいは抗いながら、ままならぬ人生の日々を生きていくしかないのです。

こんな長文の言葉に出会いました。

国敗れて六十余年
義廃《すた》れ人心乱る
官、官権を求め公権力を行使
民、見捨てられる

世に鶏鳴狗盗《けいめいくとう》の族蔓延《はびこ》る
人間の価値観は変り
常識すら変る
時に感じては
朽ちたる古木にも涙をそそぎ
別れを恨みては
虫の鳴にも心驚かされる
人生晩秋　青春の志は朽ちはて
国を憂い唯土に帰るのみ

わが人生悔いることのみ
　されど我悔い無し

世を憂い、国を憂い、悲憤慷慨《こうがい》した人生、そして若き日の青雲の志もいつしか朽ちてしまって、ままならぬ思いのままついに人生の晩秋を迎えてしまった、しかしいまはもう悔いはない、そんな心境を語った言葉ですが、そんな思いに共感される方も少なくないかもしれません。

現にいま私たちが生きているこの時代、世代を超えて深い閉塞感が広がっています。政治にも、経済にも、そして未来にも展望を持てなくなっています。しかしその中で、悲憤慷慨ばかりしていていても何事も前に進みません。なんとか折り合いをつけて生きていくしかないのです。

先の言葉の最後の一節の語りかけるところにも、なかなか意味深いものがあるようにも思います。

時代に翻弄され、思い通りにならない、悔いばかり残る人生ではあったが、いまその晩秋の時を迎えて、もはや後悔ばかりしていても仕方がないではないか。たしかに、あれもできなかった、これもできなかった、そしてあの時ああすればよかったなどという思いには尽きないものがありますが、しかし、もともと人生などというものは思い通りに行くものではないのではないでしょうか。

だから、後悔ばかりして残り少ない人生の日々を消耗するのはもったいない。むしろ今日のこの日まで、一応恙《つつが》なく生きてこられたことに感謝する時もあっていいでしょう。悔い多き人生だったけれども、いまはもう悔いのない穏やかな日々を送りたい、そんな風に考えることもできるのではないでしょうか。

こんな勝手な想像をめぐらしつつ、歩を進めました。見上げた晩秋の空は、果てしなく高く、青かった。

歩を進めていくと、こんな言葉にも出会いました。

悔いなしと
言いきり難し七拾年
よき師に会えり
よき伴侶たり

いろんなことがあった人生だったが、何とか七十年生きてきた。そしてよき師や伴侶にも恵まれた。これでよかったのだ、と思いたい。

もちろん順風満帆の人生もあるのでしょうが、しかし多くの人々の人生は何らかのほろ苦さや後悔を伴うものでしょう。だからといって、その小さなこだわりに残された人生を拘束されることは避けなければならない、むしろそれから決別し、こころ豊かな人生を送ることを考えたほうがいいように思います。

そんなことを考えさせる言葉です。

先の言葉とともに、どこか励まされるところがあるように思われます。

種田山頭火《たねださんとうか》は、こんな言葉を遺しています。

過去に対する悔恨と将来に対する危惧とによって、現在の充実を没却するほど、真面目な、そして無意味なことはない。（『層雲』大正三年二月号）

過去や未来のために、現在を犠牲にすることほど、愚かなことはありません。過ぎし日への悔恨と、明日への不安は、先行き不透明の、いまこの時代、誰にでもあるでしょう。しかし、そうした時代であるからこそ今日という日を大切に生きたい、と思うのです。

# 一期一会に感謝、いま、至福の時

## 世俗の欲を離れて振り返れば、いい人生だったなぁ

こんな刺激的な言葉にも出会いました。

人間という
化け物と
左様なら

辞世の言葉でしょうか、どこか深く考えさせる言葉であるように思われます。
そして、〝人間というもの〟について語られた二人の作家の言葉を思い出しました。
弱くて強く、美しくて醜く、柔軟で逞しく、和やかで険しく、神であるとともに

忽《たちま》ち悪鬼に変ずるのがわれわれ人間である。（『断片』）
——野上弥生子《やえこ》（東慶寺に眠る）

善意と悪意、潔癖と汚濁、貞節と不貞、その他もろもろの相反するものの総合が人間の実態なんだ。（『ながい坂』）
——山本周五郎（鎌倉霊園に眠る）

先の言葉と響き合う、こんな墓碑の歌にも出会いました。

人の世の慾を放れて
すがすがし
恨み悲しみ
苦しみもなし

これもまた、先にもふれた〝こころの断捨離《だんしゃり》〟ということにつながるように思われます。そして、こんな心境に早く到達したいものと、誰しも思うのではないでしょうか。

そうした人生に感謝する気持ちを率直に歌った言葉を、同様に墓石いっぱいに刻んだものもありました。

一期一会に感謝
信念に徹し
みのり豊かな
至福の人生でした

感謝の気持ちに溢《あふ》れた、納得のいく充足の人生であったことが偲ばれます。人は誰しも、振り返る人生の中に多少の悔いやほろ苦さを感じるものですが、そもそも完璧なる人生なんてありえません。だから、そうしたものを乗り越えて、ともかくいい人生であったと納得して、穏やかな余生の日々を送りたいものです。

この言葉は、第一章二節で引いたあの句を思い出させます。

老いていま
過不足もなし

古茶淹るる

深い共感を呼ぶ句です。

# 愛して失うは愛せざるに勝る

## 喪失の悲しみは計り知れない、
## しかし遺された思い出も限りなく深い

誰しも大切な人との離別《わかれ》という試練を避けることはできません。そしてその喪失感は限りなく大きいものです。しかし、それが人生の必然でもあります。その大きな離別のつらさ、苦しさに耐えるくらいなら、むしろ出会わなかったほうがよかったと思うこともあるかもしれません。

しかし、愛した人の遺してくれた想い出や面影は何物にも代えがたい宝でもあります。別れの時から日がたつにつれて、思い出すたびに寂しさが募る一方、幸せだった過ぎし日々の想い出に浸るしみじみとした時間も、少しずつ回復してきます。

砂利を敷き詰めた墓域の平板型の墓碑に刻まれたこんな言葉にも出会いました。

愛して失うは愛せざるに勝る

一瞬、ハッとしました。なかなか味わいのある言葉だと思ったのです。

調べてみると、これは十九世紀のイギリスの詩人アルフレッド・テニスンの詩の一節でした。「追憶の詩」〈In Memoriam〉の中にあるもので、原文は、

'Tis better to have loved and lost
Than never to have loved at all

となっています。（注、'Tis は It is のこと）

原文を声に出して読んでみると、その味わいがいっそう深まるような気がします。できることなら全文を書き出そうとも思いましたが、残念ながら紙幅がありません。

もはやコメントの必要などないでしょう。

私の友人で、六十歳を過ぎてしばらくして、最愛の伴侶を亡くした男がいます。長い仕事人生を終えて、これから夫婦で楽しみの人生を送ろうとしていた矢先でした。その夢が一瞬にして潰《つい》えたのでした。

立ち直るのにかなりの時間がかかりました。それほど遠くないところに住む一人娘が、時折

訪ねてきてくれます。

「最近とみに女房に似てきてね」

先日会った時そんな話をしてくれました。表情や体つきから言葉遣いまで、どこか妻と似てきているというのです。そしてそれがまた亡き人を思い出させることになります。その娘には二人の子供があります。いまでは、その孫と遊ぶのが最大の楽しみの一つとなりました。それも、亡き妻が残してくれた大きな宝なのかもしれないと思いつつ。

必ずしも伴侶ということに限らず、人にとって亡き人の思い出は大事な宝です。そんな思い出を大切にしたい、そんな風に誰しも思うはずです。この霊園の散策でも、「想う」「思い出」「感謝」「ありがとう」「思い出をありがとう」「万感をこめてありがとう」などの言葉に、しばしば遭遇しました。

こうした言葉や先のテニスンの言葉に向き合う時、人間の絆の深さと重さということに、あらためて深く思いを馳せることとなりました。

そうだ。亡き人は去っていった人などではなく、いつも傍《そば》に、あるいはこころの中に生きていてくれているのだ。

万葉集の一首を刻したこんな墓碑もありました。

秋津野に
朝居る雲の
失せゆけば
昨日も今日も
亡き人思ほゆ
（作者未詳）

秋津野は吉野宮の近くにあり、「朝居る雲」は火葬の煙と言われています。朝のうち、秋津野にかかっていた煙が消えていくと、昨日も今日も亡くなった人のことが思い出される、という思いを歌ったものです。面影は、いつまでも消えることはないのです。

# あまりにも早すぎる旅立ちに

## 逆縁という現実に向き合う

この世にさまざまな別れはありますが、慈しみ育てた最愛のわが子との離別ほどつらいものはないでしょう。何たる不条理と言うべきか、その心情を詠《うた》った言葉にも多く出会いました。

まず、わずか一歳の、最愛の幼子を失った母の、「愛し子」と題された詩から。

明るい午後の日差しの中で
静かに眠る愛しき子
何を夢見て微笑んで
さやさや風が頬なでて
五月の明日に消えました
愛しき子よ母は願う

高き心に豊かなる愛
いついつまでも忘れないで
朝露光る明けゆく空に
儚《はかな》く消えたひとつの命
思い出だけを父母に
残してひとり夢園へ
夕べの星になりました
愛しき子よ母は歌う
あの日の午後の子守歌
いついつまでも歌うでしょう
いついつまでも父母の胸に

わずか一歳あまりで短い命を閉じたわが子への、深い愛惜の思いが伝わってきます。この詩を詠んだ、母千代子さんによると、愛息善太君はとても元気な子で、あの時から長い歳月を経たいまでもここに生きているように思えると言います。ともに過ごした期間は短くとも親の愛情は尽きない、愛情はともに生きた時間の長さとはかかわりのないものだ、という言葉が印象的でした。

黒御影に刻された、美しい文字に対面していると、胸に深く込み上げるものがありました。そこに立ち止まった私は、暫《しば》し立ち去ることができませんでした。

こんな歌にも出会いました。

梅咲けば
遠き世に住む
子の許《もと》に
書かまほしかり
伊豆の消息

これは二十二歳で夭折《ようせつ》したわが子を偲ぶ母の詠んだ歌です。墓誌によると、ご子息が逝去されたのは昭和十四年二月十八日で、この歌が詠まれたのは昭和十五年二月十八日ですから、ちょうど一年後の命日にあたります。梅の咲くこの時期になると、ありし日のことが偲ばれ、やはり忘れがたい思いが募るのです。

こうして、あまりにも早く、その生涯を閉じた若者たちの墓碑と、それを偲ぶ言葉に出会う時、そして、故人やその家族の心情を思う時、こちらもつらく、哀しい気分を抑えきれなくなり、しばし立ち止まってしまうのでした。しかし、そこに流れる温《ぬく》もりのあるこころの通い合いが、こちらのこころを温めてくれたのでもありました。

霊園の西南の端に近く、浅間山の麓を山沿いに東へ少し歩いたところで、ちょっと目を引くお墓に出会いました。その一画にある墓誌には、可愛い石造の一足のスケート靴が飾られ、その下にこんな言葉が刻まれていました。

大切なメンバーのみんなへ
苦しいこともたくさんあって
泣きたい気持ちもなん度もあって
がんばってもがんばっても
なかなか前に進めなくて
あきらめてしまいそうになる時も
いっぱいあった。
でも、それでもみんなで悩みながら
迷いながらここまでやってきた。

だからなにがあっても
みんなのことを信じて滑りたい
なな

その側面には、「二〇〇六年三月、奈々のために」として、ご家族の名前が記されていました。これは、若くして交通事故死した下井奈々さんの言葉でした。ご家族のお話によると、この言葉は、奈々さんがクリスマスカードとして友人に送った文章の一部だということです。また、その墓誌の傍らには、おそらく奈々さんが可愛がっていたと思われる陶製の子猫が置かれていました。

奈々さんはシンクロナイズド競技スケート部に所属し、青春の真っ只中で、部活に懸命に取り組みながら充足の日々を送っていましたが、突然の事故でその夢を断ち切られてしまったのでした。その娘への思いから、先の墓が作られたのでした。

可愛らしいスケート靴と猫、そして奈々さんの言葉が記された墓碑には、故人を思うご家族の心情が溢れているように思われました。

人生において離別は避けることができないものですが、そしてしばしばそれは不条理とも思えるものですが、こうしたいくつかの墓碑に出会い、そこに醸し出される温かい雰囲気を感じ取る時、こちらもまた深い感動に包まれるのでした。

また、思いがけなくも、こんな碑に出会いました。

それは、かつての第七高等学校の寮歌「北辰斜《ほくしんななめ》に」の作者、簗田《やなだ》勝三郎《かつさぶろう》の墓碑でした。

そこには、寮歌の歌詞とともに、簗田の略歴が記されていました。私は、簗田の名前も、彼が七高寮歌の作詞者であることも知らなかったのですが、なにより、その二十四歳という早世に驚きました。若くして逝った簗田ですが、その歌は歌い続けられていたのでした。

七高寮歌

北辰斜にさすところ
大瀛《だいえい》の水洋々乎
春花かをる神州の
正気はこもる白鶴城
芳英とわに朽ちせねば
歴史も古りぬ四百年

紫さむる黎明の
静けき波に星かぞへ
荒涼の気に咽《むせ》ぶとき
微吟消え行く薩摩潟
不屈の色もおごそかに
東火をはく桜島
（以下略）

語彙について若干注記しておきます。北辰＝北極星。大瀛＝大海、ここでは太平洋のこと。白鶴城＝鶴丸城、薩摩藩の鹿児島城。この城址に七高がありました。芳英＝芳しくすぐれていること、芳しく美しいこと、微吟＝小声で詩歌などを歌うこと。

墓誌にはこう綴られていました。

作詞の簗田勝三郎は
麻布中学をへて　大正二年九月
第七高等学校造士館に入学、

在学中病を得たるも
大正四年秋十月七高生の
魂のふるさととも云うべき、
この不朽の名歌を作詞、
大正五年病のため中退、
同八年二月八日没。享年二十四歳五ヵ月。
この地に眠る。

私はもちろん、旧制高校世代よりずっと後の世代ですが、かつての学生時代、コンパの時など、一高(「嗚呼玉杯に花うけて……」)、三高(「紅萌ゆる丘の花……」)、北大予科(「都ぞ弥生の雲紫に……」)などの寮歌とともに、この七高寮歌を高歌放吟したことを思い出しました。

その作詞者が短い生涯を終えて、この霊園にひっそりと眠っていることを知り、感慨深いものがありました。

これまで、家族や友人たちの、早世を悲しむ歌や言葉をいくつか訪ねてきましたが、墓碑に大きく刻まれた短い文字にも、それに重なる言葉が少なからず見られました。そのいくつかを拾っておきます。

一文字、二文字では、「誠」「光」「信」「睦」「瞳」「命」「親愛」「追想」「天翔」「敬愛」「再会」「信頼」「集い」「邂逅」などが目にとまりました。そのほか、「こころ」「想い出」「爽やか」「永遠の記憶」「花と星とともに眠る」など。

こうして羅列すると、それだけのことですが、墓碑の正面に刻された、その大きな文字の一つ一つに深い思いがあることを考えると、胸に深く届くものがありました。

## 歳月は慈悲を生ず

### 苦悩も愉悦もともに変化させてしまう、「時間」の力

亡き人を偲ぶこころは枯れることはありませんが、歳月はとどまることなく過ぎていきます。その速さに驚かされることもしばしばです。
こんな句にも出会いました。

思い出を
　たどれば早き
　　幾年は

亡き人を偲びつつ過ごしてきた日々。しかし気がつけば、その想い出の日々もどんどん遠ざかっていきます。

しかしまた、その過ぎし歳月は癒しともなるようです。

この霊園の北部、小金井門近くに、『日本人の精神史研究』『大和古寺風物誌』などで知られる文芸評論家・作家の亀井勝一郎の墓がありましたが、そこにはこんな言葉が刻されていました。

## 歳月は慈悲を生ず

ツツジなどの生垣に囲まれた静謐《せいひつ》な墓域の中央に、やや小ぶりの黒御影の墓石があり、その正面には、自筆の「亀井勝一郎」の白い文字があります。その墓石の左側の墓誌に、この言葉が刻まれていました。

この言葉について、亀井は『愛の無常について』の中で次のように書いています。

「時間というものを考えるたびごとに、私はふしぎな感にうたれるのです。いかなる苦悩も、時間がたつにつれて次第に和らぎ、ついには楽しい思い出とさえ化す。そういう力を時間はもっています。歳月は慈悲を生ずという言葉を私はつくってみたことがあります。癒しがたい心の傷手《いたで》すら、歳月はいつのまにか忘却の淵へひきずりこみ、忘却の川の水で洗いおとしてくれるようです。歳月にたよるのは、一つの賢明な治療法だと言えましょう」

亀井はこのように書きながら、「歳月は苦悩も愉悦もいっしょに変化させてしまう」と書いています。ここに歳月、あるいは時間というものの持つ大きな力が語られています。掛け替えのない人々を喪《うしな》った心情を綴る言葉を訪ねたあと、この亀井の言葉に出会い、少しだけ救われる思いがしたのでした。

最後に、亀井勝一郎の言葉と響き合う二人の作家の言葉を引いておきます。

年月は人間の救いである。
忘却は人間の救いである。
（太宰治「浦島さん」『お伽草紙《とぎぞうし》』）

すべての創口《きずぐち》を癒合《ゆごう》するものは時日である。
（夏目漱石『門』）

# 花も八分通りが美しい。人生もまた然り

## 満開の桜や完璧な人生よりも、少し欠けたるがよろし

花も八分通り咲いたときが一番美しい
しかしやはり満開となる
そしてそれは散るということである
人生についてもこのことを
知ることが大切である

この言葉は、労働法学者、石井照久氏の墓誌の言葉です。

墓誌に対面し、なるほどと納得し、しばし立ち止まりました。

これをもっと広く解釈すれば、完全な状態、完璧なものより、未完の状態、不完全なものに意味を認める、つまり少し不足気味がちょうどいい、ということを意味しているようにも思い

ます。

私たちは常に満点ばかり目指し、あるいは結果や成果のみに目を奪われ、いつもどこか満ち足りないものを感じている、そんなことはないでしょうか。

同様なことを、貝原益軒《かいばらえきけん》が『養生訓』の中で書いています。

益軒は、物事が十分満たされていないことが、安楽な生活につながるのではないかと、「酒は微酔にのみ、花は半開に見る」という古い言葉を引いています。酒は飲みすぎると楽しみは破られる、少量を飲んで少し不足気味のほうが楽しく、後の憂いもない、また花は半開で盛りでないほうが楽しめる、まもなく散ってしまう満開よりも、その前のほうがいいのだという意味です。つまり、物事が十分に満たされているよりも、少し不足のある状態のほうが好ましいのだというのが益軒の主張です。先の言葉と響き合うように思われます。

さらに益軒の言葉を引いてみます。

「凡《すべ》ての事十分によからんことを求むれば、わが心のわずらいとなりて楽しみなし。禍《わざわい》も是よりおこる。又、人の我に十分によからん事を求めて、人の足らざるを怒りとがむれば、心のわずらいとなる。又、日用の飲食、衣服、器物、家居、草木の品々も、皆美を好むべからず。いささかよければ事たりぬ。十分によからん事を好むべからず」（『養生訓』巻第二）

すべてのことが完璧であり、完全に整っていることを求めようとすると、それが負担となって物事を楽しむことができない。余裕もゆとりもなくなるからです。

たとえば、日常の飲食、衣服、器物、住まい、草木などもきれいに整っていることを求めてはいけない、すべてある程度の満足が得られればそれでいいのだ、むしろ十分に満たされているよりも、少し不足がある状態のほうが望ましいのではないかと、益軒は問いかけています。また、多少貧しくとも足ることを知る人は、富貴であってもさらに求めて不満を持つ人より幸せではないかとも言います。

また、満開の状態にのみ価値を認め、その前の未完の状態に価値を認めないということは、結果にのみ注目し、その過程の持つ意味に注目しないということでもあります。

山頭火の日記を読んでいた時、こんなフレーズが目にとまりました。

人生は過程だという気がする、生から死への旅である、事の成ると成らないとは問題でない、どれだけ真実をつくしたか、それが問題だ。（昭和九年十二月十日）

この言葉は深い。いま私たちの人生は、急ぎすぎではないでしょうか。先を見すぎて、いまを大切にしない、未来のために現在を犠牲にしてはいないか。急げ、急げ、早く早く、結果を出せ、業績を挙げろ、子供のころから、大人に至るまで、そんな言葉に脅迫されます。その日その日、いまというこの時こそ、大切にしなければならないのに。

そんな時、「人生は過程だ」というこの言葉が新たな気づきに誘います。

急ぐな、焦《あせ》るな、無理するな、そのままでいい、……山頭火は自身に語りかけます。先に挙げた「ゆるり」という言葉（40頁）が、それに重なります。

もちろん、受験や仕事の成果主義から解放されることは至難の業《わざ》です。ただ、時折立ち止まって、益軒や山頭火の言葉を嚙みしめる、そんな時間があってもいいのではないか。

山頭火は過程にこそ生きることの意味があると言います。

人生の終着駅が見えてきたころ、結果のみにこだわる時、後悔や未練に引きずられます。そうではなく、完璧な人生ではなくともここまで生きてきたこと、その人生の日々それぞれに意味があり、それに感謝する気持ちを忘れないことも重要だと思います。

満開の花のみを求め、八分咲きの美しさに目をとめない、そんなことへの反省から、ずいぶん飛躍してしまったかもしれません。それぞれが、この言葉の意味をそれぞれに解釈していただければ、それでいいと思います。

## 着々寸進　洋々万里
## 素《そ》にありて贅《ぜい》を知る

### 地道で着実な一歩一歩が、豊かな人生を創る

　これは、かつて内閣総理大臣をつとめ、その短い在位を惜しまれつつ世を去った大平正芳《おおひらまさよし》の言葉です。

　大平の墓碑の裏面には、「君は永遠の今に生き　現職総理として死す　理想を求めて倦《う》まず斃《たお》れて後已《や》まざりき　伊東正義撰書」という、旧友で大平の死後首相臨時代理をつとめた官房長官（大平内閣当時）伊東正義の自筆の言葉が刻されていました。その文字は大きく力強く、歴日を経てなお鮮やかで、短いながら伊東の思いが深く込められているように思われました。伊東と大平は大蔵省入省以来、終生の付き合いを続けた仲で、篤い友情関係に結ばれていました。

　その大平の遺した言葉から一つ二つ。

着々寸進　洋々万里

これは通産大臣時代に揮毫《きごう》した言葉です。着実に一歩ずつ進んでゆけば、洋々たる人生の道程を全うすることができるだろうという意味です。

在素知贅

素《そ》にありて贅《ぜい》を知る。質素な生活の中にこそ、大切なものを発見できるという意味でしょう。大平は読書家としても知られ、戦後政界最大の知性派とも評されていました。

また、その風貌から「讃岐の鈍牛」とも呼ばれましたが、その風貌に似合わず頭脳明晰で、言葉にも説得力がありました。薄っぺらな言葉をぺらぺらとしゃべる政治家連とは一風違いました。

先の言葉は、政治家という一般的なイメージからは遠い、人間大平の誠実な一面を物語るもののように思われます。

また、「素にありて贅を知る」は、貝原益軒が語った「清福」という言葉を思い出させます。

「清福は富貴の驕楽なる福《さいわい》にはあらず。貧賤にして時にあわずとも其の身安く、静かにして心にうれいなき是なん清福とぞ云うめる、いとまありて閑《ひま》に書を読み、古《いにしえ》の道を楽しむは、是清福のいと大なる楽しみなり」

「知足の理《ことわり》をよく思いて常に忘るべからず。足る事を知れば貧賤にしても楽しむ。足る事を知らざれば、富貴をきわむれども、猶《なお》あき足らずして楽しまず。かくて富貴ならんは、貧賤なる人の足れる事をしれるにははるかにおとれり」（『楽訓』巻之上）

貧しくて「時にあわず」とも、身心が安らかで、こころの憂いがなければ、清福という宝を手にすることができる。それは一見豊かでも、さらなる豊かさを求めて多忙を極めている人にはなかなか得られない楽しみなのです。読書に至福の時間を見出す、その点も大平と重なっています。

清福という言葉はあまり聞き慣れない言葉です。しかし、これは益軒が語った人間の楽しみの中で最も強調したものの一つで、およそ楽しみを好む人は必ずこれを知るべきである、と言っています。

豊かさの中に閉塞感が漂い、なんとなく生きづらいこの時代、大平や益軒の言葉に耳を傾けてみるのも意味のないことではないように思われます。

## 人生は一番勝負なり。指し直すこと能《あた》わず

### 人生は一局の棋である。盤上には人生の縮図がある

つづいて、伝説の文豪、菊池寛の言葉です。

菊池寛の墓域はさすがに広く、まわりを生け垣が囲み、玉砂利が敷き詰められ、重量感ある白御影の洋型の墓碑に、「菊池寛之墓」と刻されていました。その文字は、親交のあった川端康成の手になるもので、さすが文豪らしい風格を感じさせるものでした。

菊池は『父帰る』『無名作家の日記』『忠直卿行状記《ただなおきょうぎょうじょうき》』『恩讐《おんしゅう》の彼方に』『真珠夫人』など多彩な創作活動を展開するとともに、雑誌『文藝春秋』を創刊し、また芥川賞・直木賞を創設するなど、出版人としても活躍し、後進の育成に努めました。

一方で熱心な将棋愛好家としても知られています。文藝春秋時代、社長室には立派な将棋盤が置かれ、将棋好きの来客と将棋を指すのを楽しんでいました。菊池は文藝春秋の社員にも将

棋を奨励し、勤務時間内での将棋を許可していました。菊池の影響を受けて、周囲の作家や編集者はこぞって将棋を指し、将棋を知らない編集者は菊池から原稿をもらえないこともあったということです。

一九五五（昭和三十）年ごろには、文藝春秋の主催で「文壇王将戦」が定期的に開かれましたが、それには井伏鱒二、尾崎一雄、滝井孝作、永井龍男、有馬頼義《よりちか》、梅崎春生《はるお》、豊田三郎、五味康祐《やすすけ》、柴田錬三郎らが参加しています。

菊池は「将棋讃」というエッセイの中で、こう語っています。

「夏の暑熱を忘る、に、何ぞ山水をもちいん。人生の苦悩を忘る、に、何ぞ酒色をもちいん。四十の駒子《こま》、方尺の盤あらば、以て別天地に優悠することが出来るのである。将棋の徳、また讃するに堪えたりである」

その菊池が好んだ言葉が、

人生は一番勝負なり。指し直し能わず

でした。人生を将棋に譬《たと》えた、菊池ならではの言葉です。

この言葉に関して、吉川英治はこう語っています。

「これを見るたびに私はほほ笑ましくなる。その字も文句も余りにも文雅的でないからだ。文筆を解しながら、また、文豪ともいわれながら、あんなに迄、文臭を持たない文学者はなかったとおもう」と書き、菊池は一個の世俗的な大人であり、稀に見る量と幅を持った人物だと書いています（『吉川英治全集』第四十七巻』）。

また、菊池は将棋の極意についてこうも書いています。

「将棋の勝敗は、各人の強弱に依ること勿論《もちろん》であるが、然しそればかりではない。非常に微妙な心理の影響もある。敵を怖れても行かず、侮《あなど》っても行かない。その他、心に喜怒哀楽があっては駄目である。水の如く澄んだ心で、盤上駒無く盤前相手無きの境地に入らなければ駄目である」（「将棋の話」）

こうした言葉を聞くと、将棋を限りなく愛し、そこに人生を見る菊池の炯眼《けいがん》に、人々に深く訴えるところがあったことが理解できるように思います。

それはまた、菊池の著作や果たした業績に目を向ける時、納得できるところでもあります。

その菊池は、このような遺書を残しています。

「私はさせる才分無くして文名を成し、一生を大過なく暮らしました。多幸だったと思います。死去に際し、知友及び多年の読者各位に厚く御礼申し上げます。ただ国家の隆昌を祈るのみ。吉月吉日　菊池寛」

「人生は一番勝負」と語った菊池自身の人生もまた、納得のいく人生だったことがうかがえます。

指し直すことのできない人生であればこそ、充足感を伴う、納得のいく人生でありたいものです。

それはまた、人生の有限性へとつながる言葉でもあります。もし人生が無限に続くものであれば、いくらでも「指し直すこと」ができるでしょう。有限であることこそ、生きるに値する人生と言えるのではないでしょうか。

## 人生は有限であるがゆえに高貴である
### 限りある人生だからこそ、日々の充足がある

以下、人生の長さに関して語られた二つのフレーズを取り上げます。

人生は有限であるがゆえに高貴である

哲学者、船山《ふなやま》信一の言葉です。その文字は大きな洋型の墓碑全面に、力強く刻されており、思わず立ち止まりました。

船山は自身の生涯と学績を、『ひとすじの道　唯物論哲学者の自分史』にまとめていますが、そこに、その誠実な人柄と、学問に対する真摯《しんし》な姿勢を読み取ることができるように思います。

立命館大学で船山に長く接した西川富雄は、この書の中の追悼文の末尾をこう結んでいます。「かねてから意図されていた『自分史』を先生は今や完《まっと》うされたのであります。おそらくは、

船山信一自身の人間学的、哲学的な結末を完たきものとされたに違いありません。それは、まさに生涯を閉じようとするときに言い遺したカントにならっていえば"Es ist gut"（それでよい）であります。先生も、同じく大いなる肯定をもってその円環をお閉じになりました」

これでよかったのだという、大きな肯定をもって人生を閉じたという、船山の生涯を振り返る時、「人生は有限であるがゆえに高貴である」という言葉に納得させられるような気がします。

有限な人生を納得できるものとして生き切った、そのことは、限りある人生だからこそ、日々の充足があり、限りある人生だからこそ、そこに創造があり、美が生まれる、と言っていいかもしれません。

この世の時間は悠久です。しかし、人の生には、その時間に限りがあります。だからこそ、人間の人生と言えるのではないでしょうか。もし、それに終わりがなく、際限なく命が続くとしたらどうでしょう。それがはたして充足の人生、幸福な人生につながると言えるのでしょうか。

かつて不老不死の薬を求めた中国の皇帝がいました。古来、不老不死は多くの人々の願いでもありました。しかし、たとえそれが実現したとしても、その永遠の人生がその人の永遠の幸福につながるかどうかは別の問題です。

また、いくら人生が長くなっても、漫然と日々を送ることにはたして意味があるのでしょうか。

渡辺京二の『無名の人生』を読んでいたらこんな興味深い言葉に出会いました。

「人間、死ぬから面白い。

こんなことを言うと、お叱りを受けるかもしれません。しかし、人間、死ぬからこそ、その生に味わいが出てくる。かく言う私だって、まだまだ死にたくありません。今でも世の中に執着がある。けれども、死ぬからこそ、今を生きていることに喜びが感じられるのです」

いま、人生百年の時代などというキャッチコピーを盛んに耳にします。寿命が延びることそのことはめでたいことでしょう。しかし、百歳まで生きるとして、いったいどれほどの人が満足の人生を送ることができるでしょうか。

「人生──生活は、長い短かいが問題ではない、深いか浅いかに価値がある」

山頭火の日記にはこんな言葉もありました（昭和十年二月七日）。

まさに一定の限りがあり、その中で目標を、あるいは自身が納得できる人生を求めて生きることが、充足の人生、実りある人生につながるのではないでしょうか。

それはまた、いまを大切にする生き方であり、過去を引きずったり、未来のためにいまこの時を犠牲にする生き方とは、対極にあります。

## 人生は何事もなさぬにはあまりにも長く、何かを生み出すにはあまりにも短い

### 運命には逆らいがたい、一日一日の重さをしっかり噛みしめたい

先の船山信一の墓の程近くに、作家、中島敦の墓がありました。墓碑の正面に大きく、「中島敦」と刻されていました。中島はこんな言葉を遺しています。

人生は何事もなさぬにはあまりにも長く、
何かを生み出すにはあまりにも短い

人生の長さについて示唆的な言葉を遺した二人が、すぐ近くに眠っていたのでした。『山月記』『李陵《りりょう》』などで知られる中島ですが、その人生はあまりにも短く、享年三十三歳でした。宿痾《しゅくあ》の病喘息《ぜんそく》を抱えながら創作活動を続けましたが、その喘息の発作がもとで短い生涯を閉じました。

先の言葉は、中島の生涯を顧みる時、重く響くようにも聞こえます。

中島を発掘紹介した、『日本百名山』などで知られる作家、深田久弥《きゅうや》の証言です。

「中島敦君のことを思うたびに、私はいつも或る申し訳なさを感じる。君を文壇に送り出すキッカケを作ったのは私であった。しかしそれは遅すぎた。彗星のように文壇に現れたこの異常な光芒は、一年と経たずその姿を消した。もし私の怠慢と不明がなかったら、君の活躍期間はもっと長かったに違いない」（『中島敦全集』別巻）

享年三十三歳。中島の文壇デビューは『山月記』でしたが、その作家人生は一年にも満たなかったのです。

遺作となった作品は、深田によって『李陵』という題名を付けられて世に出ました。

中島の最期について、親交のあったドイツ文学者の氷上英廣《ひがみひでひろ》はこう書いています。

「彼は専心、創作に没頭したのである。それは宿望の実現でもあった。彼はこの最後の期間に『名人伝』『弟子』『李陵』といった傑作を、つぎつぎに書いた。しかし、彼の肉体はこの燃焼にたえられなかった。重なる喘息の発作は心臓を衰弱させ、十二月四日には、この世を去ったのであった。最後に〈このおれが、もう四，五人いたらばなあ！　この頭の中にあることを書きあげてくれたらなあ！〉と言ったそうである」（『中島敦研究』）

また、病床に付き添ったみちよ夫人は、その最期をこう語っています。

「好きな本も、芝居も、見ることができなくなり、書くことも出来なくなると、〈書きたい、書きたい。〉

と涙をためて申しました。

〈もう一冊書いて、筆一本持って、旅に出て、参考書も何も無しで、書きたい、俺の頭の中のものを、みんな吐き出してしまいたい〉

とも申しました」（前掲書）

この二つの証言を見ると、中島の、表現への執着と切なる思いと無念さがひしひしと伝わってきます。

それは、冒頭の中島の言葉の深い意味へと誘うもののようにも思います。

人はその運命には逆らいがたい存在ですが、長寿社会と言われるいま、一日一日を大切に過ごすことの重さを、この言葉から学ぶことができるように思います。とくに、リタイア後も長い人生が待っているいま、その長い日々を、漫然と生きるのか、納得のいくものにするのかが、すべての人に問われているように思います。

最後に、中島の言葉と響き合う二人の言葉を引いておきます。

あたし、明日はこないかもしれない。そう思って生きてるの。

あんたもそうするといいよ。緊張して生きるようになるから。

（白洲正子。川村二郎『いまなぜ白洲正子なのか』所収）

「明日は」「明日は」と言いながら、今日という「一日」をむだにすごしたら、その人は「明日」もまた空しくすごすにちがいありません。

（亀井勝一郎『愛と結婚の思索』）

コラム「墓碑正面に刻された文字」③

## 「三文字」の深さ・「四文字」の含蓄

ひかり　こころ　いこい　ゆるり　つどう　いのち　いのり　きずな
ともに　安らぎ　人の和　和やか　千の風　永遠に　想い出　出会い
風の塔　幸わせ　光の舞　信望愛　真善美　心天寶　長夜空　観自在
家族愛　日々新　空即色　四海春　夢の道

三文字の場合も突出して多いものはありません。強いて挙げれば、「信望愛」（七基）、「永遠に」（六基）などです。

＊　＊　＊

やすらぎ　さわやか　えがおで　たましろ　まごころ　せゝらぎ
あじさい　さよなら　ありがとう　チャレンジ　永遠のいこい
一期一会　春風再来　天地平安　平安一路　久遠完成　久遠一路
自由闊達　永遠の記憶　遊化造興　天涯比隣　和敬静寂　一家和楽
恩寵無限　安らかに　耶寿良帰（やすらぎ）　不生不滅　諸行無常
樹々亭々　悠久の丘　一粒の麦　ＪＡＺＺ　（一部五字以上のものを含む）

ここで最も多かったのはどれでしょう？　読者の皆さんはどうお考えですか。正解は「やすらぎ」で、五十三基もありました。突出しています。人々の、この言葉に寄せる思いが伝わってくるように思われます。これに「ありがとう」（二十三基）、「安らかに」（十基）が続いています。

# 第四章　ありがとう、いい人生だった

## ～ただ感謝あるのみ――葬送《おく》る人も、葬送られる人も

## 汝《な》の亡くて秋海棠《しゅうかいどう》の咲きにけり

### 逝きし日の想い出が、静謐《せいひつ》な日々の中に豊かな時間を創り出す

今日は落ち葉を踏みしめながら歩きました。視線を上に向けると、葉を落とした樹々の枝が、蒼天《そうてん》に向かってまっすぐに伸びています。やがてまた季節がめぐると、その枝には若い芽が芽吹き、そして葉を繁らせることでしょう。

では、その樹々の下に眠る人々は、もう蘇《よみがえ》ることはないのでしょうか。もちろん、この世に生き返ることはありません。しかし、残された人々のこころの中には、いつまでも生き続けているのです。

霊園を歩いていると、そんなことを考えさせる言葉にしばしば出会います。また、墓石は何も語らないけれど、そこに眠る人々の一人一人の人生が、有名無名を問わず、かけがえのない人生であったのだと、深く感じさせられるのです。

そんな時、出会う言葉の中で最も多いのが、伴侶を偲《しの》ぶ言葉です。

ある時、独特の形をした自然石に「R.I.P」と記された墓石に出会いました。そしてその右手の墓誌に、

汝の亡くて
秋海棠の
咲きにけり

という句が刻まれていました。いまは亡き伴侶を偲んで作った句であろうと思われたのです。秋海棠はベゴニアの一種で、「秋」の季語です。

それにしても「R.I.P」という文字は何を表しているのだろう。気になりながらそこを後にしました。

ところが数日後、そのあたりを通り過ぎようとした時、たまたま墓参りに来ていた、この句の詠み手、小谷迪靖氏と出会ったのです。そこで話をうかがうことができました。

小谷氏は長年商社に勤め、ニューヨークやシドニーなどの海外勤務も長かったのですが、いまはリタイアして、句作を楽しみながら自適の日々を送っています。茜夫人は、児童文学作家、絵本作家（筆名　鬼藤あかね）としても知られた方でしたが、一九九七年に先立たれたのでした。

最愛の伴侶を失った小谷氏は、その霊を弔《とむら》うために、自らこの自然石を探してきて、墓地に置きました。子供もないので、いまは句作を嗜《たしな》みながら、毎月一回はこうして墓参りをしています、と話してくれました。

そして、気になっていた「R.I.P」の文字は、「REST IN PEACE」という言葉の頭文字をとったもので、「安らかな眠りを」という意味だということもわかりました。夫人が亡くなってから長い歳月を数えていますが、小谷氏の言葉の一つ一つに、夫人への思いがひしひしと伝わってきて、こちらもしみじみとした気分になりました。

伴侶を偲ぶ句や歌には、ほかにも数多く出会いました。

たすきして
西瓜《すいか》を切りし
妻なりし

いまはもうあまり見かけなくなった、たすきがけの姿です。たすきを掛けて甲斐甲斐しく立ち働く妻の姿を見るのは頼もしく、幸せだった。そんな妻が、西瓜を切って出してくれたころのことをしみじみと思い出しています。

キリリとした短い言葉に、在りし日の鮮明な妻の姿、二人で過ごした掛け替えのない時間をうかがうことができます。清楚で穏やかではあるが、またしっかり者であった夫人の姿が眼前に浮かんでくるようです。

こんな句や言葉に出会うと、どこか温かい気持ちになり、こちらもまた、贅沢《ぜいたく》な時間をいただいたような気持になったのでした。

# 孤なれども、孤独にあらず

## 失って初めてわかる絆の重さ、つながりの深さ

最愛の伴侶を失った悲しみはなかなか癒えることはありませんが、ともに過ごした日々の記憶は掛け替えのないものとして甦《よみがえ》ってきます。
こんな言葉にも出会いました。

お茶請けには
もってこいだよ
妻のつくった
辛煮の蕗《ふき》のとうだよ
ほうら芯に
花の子供が

居るよ
つまんでごらん
お茶がうまいよ

料理自慢の妻の手料理がいつも幸せな味を運んできてくれた。その手作りのお茶請けが、お茶の味を引き立て、豊かな穏やかな時間を創り出していた。そんなこころの通い合いの日々を思わせる歌です。

蕗のとうは春の季語ですが、そのほろ苦い味と香りが独特です。そんな味と香りと過ぎし日の思いを込めて、夫は連れ合いの墓碑にこの歌を刻んだのでしょうか。

食材が溢《あふ》れ、美食や美味に慣れきったいまの時代、あらためて手料理や手作りの味の持つ意味の重さを考えさせてくれる歌でもあります。料理は技術でなく、ハートなのです。ハートの記憶は、色褪《あ》せることがありません。

また、自然の営みや季節の移ろいが思い出を触発することもあります。

その中から一句。

曼珠沙華

吾に優しき
人なりし

曼珠沙華は彼岸花とも言われ、秋の季語です。彼岸のころ、畑や路地などに、その赤い花をよく見かけます。時に、白や黄色のものもあります。その花の咲くころになると、亡き人への思いがいっそう募るのです。

庭仕事が好きだった夫が大切にしていた花なのか、あるいはこの花は墓地などでもよく見かけるものなので、墓参りに来て、この花に出会ったのでしょうか。

思い出にはまた、わずかばかりのほろ苦さを感じさせるものもあります。

こんな一首にも出会いました。

亡き妻を
しかりし夢の
さめし時
淡き悔いあり
なにとはなしに

お互いにいい夫婦ではあったと思うけれども、時には諍《いさか》いやすれ違いもあったでしょう。人は誰しも聖人君子などではないのですから、その長い二人の人生の中にはさまざまな起伏や小さな諍いがあって当然でしょう。

ただ、先立たれたいま、夢の中で妻を叱っている自分を見たりすると、存命中、もっと優しくすればよかったと後悔することもあるのです。ただ、それは深い後悔というものではない。「淡き」「なにとはなしに」という言葉も活きています。むしろ、そんな夢を通じて、妻への深い思いが語られているように思われます。そして、その寂寥《せきりょう》感は深まるばかりです。

## 松風や苦楽をともに五十年

### 伴侶という〝伴走者〟との、風雪の歳月

霊園を歩いていると、いろんな墓に出会います。通常は、「○○家の墓」という一つの墓石と墓誌がありますが、時折、夫婦の墓石が寄り添うように建てられているものに出会います。比翼塚《ひよくづか》と言うのでしょうか。

その一つに記された言葉。

眠らんかな眠らんかな
わが妻のかたわらにして
言ふことは無し

これは夫の墓石の裏面に記されたもので、「父の意志に従いこの歌を刻す」というご子息の

言葉が書かれています。先立った妻のもとにようやく旅立つことができる安堵感とでも言うべきものを読み取ることができるように思います。

その最愛の妻を亡くしたのは六年前のことでした。その時、夫が妻の墓石に刻んだのは次のような言葉でした。

苦楽を分ち
哀歓を共にせし
わが四十四年の
妻此処に眠る

おそらく、長年連れ添った伴侶を亡くしたその時から、夫にとっては、妻の傍らに墓碑を立て、並んで眠ることが念願だったのでしょう。先の辞世には、その心情が熱く込められているように思います。寄り添うように並び立つ二つの墓の前で、こちらもまた熱いものがこみ上げてくるのを禁じえませんでした。

この墓碑から少し歩いたところで、同様に、夫婦の墓碑が寄り添うように建っている墓に出会いました。その、白御影の洋式の墓碑は、何とあの堀辰雄夫妻の墓でした。辰雄の墓碑の右手に、それよりもやや小ぶりではありますが、同じく洋型の多恵夫人の墓が寄り添うように建てられていました。

病弱な夫辰雄を支え、その最期を看取った多恵夫人は、いまも変わらず、辰雄に寄り添い、見守っているように思われます。そのゆえか、この墓域の周辺はどこか温かさとやさしさを感じさせる雰囲気を漂わせているように思われたのでした。

また、同じくこの霊園の程近いところにある、かの与謝野鉄幹《よさのてっかん》・晶子《あきこ》夫妻の墓も、同様に夫妻の墓が並び立っていました。夫妻の墓は霊園のほぼ中央部の静謐な一画にありました。将棋の駒に似た白身影の墓が二つ並んだ風景は独自の雰囲気を漂わせていました。

鉄幹が一九三五（昭和十）年に亡くなったあと、晶子は母として生活苦とも闘いながら、多くの作品を残しました。そして一九四二（昭和十七）年、鉄幹に遅れること七年、その波乱の生涯を閉じました。

二人の墓碑の前にはそれぞれの辞世が刻されていました。

今日もまたすぎし昔となりたらば
並びて寝《い》ねん西の武蔵野　　　　（晶子）

知りがたき事は大かた知りつくし
　今なにを見る大空を見る　（鉄幹）

晶子の「並びて寝ねん」という言葉と、先の「眠らんかな……わが妻のかたわらにして」という言葉とが、響き合っているように思われます。

最後にもう一首、めでたく金婚式を迎えるまで連れ添った絆を詠んだもの。

松風や苦楽をともに五十年
　ここに眠りて我ら幸せ

以下にも述べるように、この霊園には、ここに挙げた句や歌などのほかに、伴侶を偲ぶような短い文字やフレーズが数多く見られました。その一部を拾っておきます。もちろんこうした文字や言葉には、「伴侶」という限定をつけられるものではなく、親子や友人間にも通じるものでもあります。

一文字では、「愛」「思」「優」「温」「偲」「繋」「絆」「縁」「和」「心」などの文字が、二文字では、「和楽」「信頼」「追想」「想う」「鎮魂」「平安」「再会」などが印象に残りました。

そのほか、「いこい」「やすらぎ」「出会い」「一期一会」「安らかに眠る」などのフレーズがありました。それぞれの文字を、先に取り上げた句や歌などと重ねながら読んでいくと、いっそう深く、胸の奥に届くようにも思えます。

いずれもあえてコメントなどする必要のないもので、ほんの一字か二字の短い文字は、むしろ短いがゆえに、墓碑いっぱいに書かれたこれらの文字が、深い想像力を喚起するのでした。

## 父の背中をじっと見つめる

### 寡黙な父の背中は、何よりも雄弁だった

先立った伴侶を想う言葉に続いて多いのが、父母を偲ぶ言葉です。一見普通の家族の風景の中で、親はその存命中は何も語らなかったけれど、子供たちは親の背中をしっかりと見つめていたのです。

むさし野のかれ芝草に
　糸遊の
　あたたかならむ
　　父が奥《おく》つ城《き》

糸遊とは陽炎《かげろう》のことで、春の季語ともなっています。また、はかないものの譬《たと》えでもありま

す。また、奥つ城とは、奥津城とも書き、お墓、墓所のことです。霊園を歩いていると、奥津城という文字によく出会います。

春の一日、暖かい日差しに包まれた父の墓を訪ねて、その面影を偲んだものでしょう。日差しも暖かかったけれど、ありし日の父の人柄を思う時、あらためて何とも言えない温かい気持ちに包まれるということでしょうか。

父への思いは、尊敬と感謝の言葉に多く見られます。

次は、戦後の混乱期を含め、世のため人のためにその生涯をささげた、父への思いを綴ったもの。

父へ
万人を心から愛し、慈雨の如く
汲めども尽きぬ暖かみのある人
剛毅果断　世のため人のためには
我を顧みず唯只管《ひたすら》に尽力する人
戦後の混乱　未曾有の日本の危機に際して
戦災復興の為に獅子奮迅の活躍をし（中略）

斯《か》くして父は教育に生き　私学に生き
偉大なる父として逞しく生き　そして
黙々として土になり　無に還《かえ》った

慈雨の如き優しさを見せつつ、機に応じて積極果敢、世のために生涯を捧げた父の背中を、子供たちはしっかりと見つめていたのでした。

身内を語る言葉ではありますが、ここは伝わってくる言葉の深さを素直に受け止めたいと思います。

まだ日本が豊かでなかった時代、家族のため、世のために懸命に生きた多くの人々の姿が偲ばれます。そんな人々のたゆまぬ努力が、その後のこの国の繁栄を築いたのです。

そして、こうした父への感謝と畏敬の念は、他にも、地道で素朴な生き方を貫いた父への眼差しの中に見ることができます。以下には、先ごろ目にしたある新聞投書を紹介しておきます。

「五月晴れに父を思う」と題されたこの投書は三十八歳のある女性からのもので、長時間勤務、低賃金で家族を支え、たいした出世もせず、涙もろく不器用な父だったが、その死後、その良さ、凄さがじわじわと伝わってきたと次のように書いています。

「死後、家族に強く残されたのは、〈正直であること〉〈他人や家族を深く思いやること〉〈人様に迷惑をかけないよう努めること〉といった父の美質の記憶だった。そしてその実行の難しさから、父のすごさが身に沁みることとなった。（中略）私はまだ遠い父の背中を追い、託された荷物を子どもたちに伝えなくてはと、五月の青空に身を引き締めさせられるのだ」（「朝日新聞」二〇〇四年五月十一日朝刊）

素朴で平凡な人生だったが、地道に謙虚な生き方を貫いた父の姿を、娘はしっかりと見つめていたのです。人が真摯《しんし》に生きる姿は、誰かが見ているものであり、それぞれに感動を呼ぶものです。

日ごろはあまり意識してはいなくとも、亡くなったあとに残る父の記憶は鮮明であり、その人柄や生き方がじわじわと伝わってきます。

そうした父の生きた姿は、その子供たちにとっても大きな宝であり、生きていくうえでの大きな力となることでしょう。

## 母という偉大、その面影を偲《しの》ぶ

### 育て、慈しんでくれた、掛け替えのない存在感

父への思いに比べて、亡き母への思いには、もっと具体的で心情溢れるものが目立つようです。墓碑に刻された言葉のいくつかを見ていきます。

まず、苦難の道を歩んだ母への感謝の言葉です。

昭和二十一年四月一六日
台湾において父正雄戦死
昭和二十二年十一月
七人の子供と共に台湾より帰国し、
苦難の道を無事歩み続けた
偉大な母和子の愛と努力に感謝して

## この碑を建立する

ここにも、戦争の影が深く刻まれています。戦後、台湾からの引き揚げ、そして帰国後の一家八人の生活がいかに苦難に満ちたものであったか、長男の渡辺敬氏からいただいた文集に克明に記されており、感銘を受けました。

厚生省(当時)の『援護五十年史』によると、太平洋戦争の敗戦時に海外から引き揚げてきた軍人・軍属・一般邦人は約六百三十万人となっています。軍人・軍属と民間人の割合はほぼ半数ずつです。戦争が終わったあと、多くの人々が引揚船などで帰国しましたが、一家の柱をなくしたまま、母子だけで帰国した人たちも少なからずありました。その途上は譬えようもない苦難の日々であり、そしてまた帰国後も、敗戦の混乱や、厳しい食糧事情の中で筆舌に尽くしがたい困難に直面したのでした。先の墓碑にあった台湾からの引揚者はおよそ四十八万人、その中で民間人は三十二万人余りとなっています。

ここで私の経験したことに少しふれておきます。終戦当時、私は九州南部の小さな町の小学生でしたが、ここにも南方などから引き揚げてきた子供たちが転入してきて、一時クラスの人数が急に増えていました。その中に、先に取り上げた墓碑の母子と同じく台湾から引き揚げてきた一家がありました。母親と小学生三人で引き揚げてきたこの一家は、現地で戦死した父親の実家のあるこの地に辿り着いたわけですが、その実家ももともと八人家族で、そこに新たに四人が加わったわけですから、あの食糧難の時代、いろいろ大変であったようです。やがてその母子四人は、今度は母親の実家である千葉県へと転居していきました。戦後の交通事情も混乱している中で、再び長い旅路についたわけです。

こうして、戦争が終わっても、そこにさまざまな苦闘の日々が控えていたのです。

再び先の墓碑に話を戻すと、とくにこの母親渡辺和子さんにとって、七人もの子供を抱えての不安と苦渋の日々はいかばかりであったことか。内地にいた人たちも厳しい食糧難にあったわけですから、親戚や知人を頼って帰国してきた人たちの苦労は筆舌に尽くしがたいものがあったようです。渡辺さんは、七人の子供を立派に育て上げ、九十歳を超える長寿を全うされました。

淡々とした事実の記録ですが、こうした名も無き人々の残した言葉が、人々の感動を呼び、そして貴重な歴史の証言ともなっています。

もう一つ、永遠に失われることのない母へ愛と感謝の賛歌を刻した墓碑に出会いました。

母魚山シゲに捧げる詩

お母さん
　懐かしい愛しいお母さん
　ある時は父であり
　ある時は姉となり
ある時は友として
　あなたはわたしの
　　すべてでした
どんなときにも頭を上げ
胸を張って我が道を
　歩み続けたお母さん
決してふりむくことなく
ただひたすらに
　歩み続けたお母さん
あなたは生きています
わたしの心に永遠に

「父の背中」という言葉があります。母の背中も同じでしょう。娘は文字通り「母の背中」をじっと見つめていたのです。そしてその姿は私のこころに永遠に生きている、と書いています。

この魚山シゲさんは一九六九（昭和四十四）年、七十六歳でその生涯を終えています。優しさと厳しさとを併せ持ち、毅然としてわが道を歩み続けた母の人生は、娘に多くの大切なものを残してくれました。

こうして、母への熱い思いを語った言葉に、相次いで出会ったこの日の散策は、こころ温まる、至福のひと時となりました。

以上に記した、いわば無名の父と母たちの生きた姿は、決して多くの人々に知られることはありませんが、こうしてしっかりとその子供たちの記憶に強く刻まれているのです。歴史の表舞台に立つことのない人々の中に、感動を呼ぶ生き方をした人々がもっともっと居られるに違いない、そんなことを確信したのでした。

そんな言葉を記した墓誌が、風雪の中でやがて磨耗し、読むことが困難になっていくであろうと考える時、譬えようもない淋しい気分に襲われるのでした。

墓参に来た子孫の方にとっても、もちろんそうだろうと思います。

ですから、そうしたいわば「無名の人生」が、人間の偉大さと歴史の事実を物語るものとして、一つでも二つでも語り継がれることが重要なことではないでしょうか。

とすれば、あえてそうした言葉を記録していくことの意味も、決して小さくないだろうと思いながら、歩を進めました。

最後に、母を偲ぶ句を一句。

亡き母の
　残せし木蓮
　　匂う朝

「天」という大きな文字の書かれた洋型の墓碑に、この句は添えられており、墓域には木の実がいっぱい落ちていました。見上げると大きな樫の木がそこにありました。

快晴の青空に映えるその梢を見上げながら、その大きな生命力を感じたのでした。

木蓮は中国原産の花ですが、日本に伝わったのは古く、その花の姿が好まれ、庭木として広く愛用され、春の季語ともなっています。

亡き人の残したものはいろいろあるのでしょうが、とくに嗅覚の喚起するものは強烈です。

こんな句に出会うと、体全体が温かさと優しさに包まれる思いになります。

最後に、ここで出会った、母への限りない感謝の気持ちを刻したフレーズを一つ。

Thank you mom,
For all the things
You did for us

子供たちに温かい眼差しを注ぎ、尽くしてくれた母への熱いオマージュです。

## 家族という絆の重さ、そして深さ

### 亡き人への懐旧の想いは、歳月を経て深まるばかり

父、母、それぞれに呼びかける言葉とともに、両親を、あるいは祖父母を偲ぶ言葉や感謝の言葉にもたくさん出会いました。

吾子《あご》連れて多摩の川原に
　　きてみれば
雀追いつつ天翔《か》けるかも

墓誌によると、父と母は富士を愛し、多摩川の清流を限りなく愛していました。その両親に連れられて、この多摩川に幾たび訪れたことか。そしていま、自分が親となって、子供とともにこの多摩川にやってきた、そして、あのころが鮮明に思い出されるのです。

多摩川は秩父山地に源を発し、東京湾に注ぐ全長百三十八キロの大河ですが、その下流近くでは神奈川県と東京との境をなし、この多磨霊園からそう遠くないところを流れています。父母の愛した多摩川の清流を訪れ、子供たちとともに亡き父母、祖父母を偲んで詠んだものでしょう。祖先を大切にするこころは、こうして孫たちの胸にも深く刻まれていくことでしょう。

亡き親を偲ぶ歌はほかにもいくつかありました。

遠つみ親の
生きしみあとをしたひつゝ
けふも暮れけり
　八十路をすぎて

「遠つ」とは、遠く離れた、遠い昔のという意味です。

八十路をすぎても、いまだに遠い昔の両親のことを思い出し、偲んでいるのです。いやむしろ、歳を重ねるごとに、昔のこと、父や母と過ごしたありし日のことがますます鮮やかに甦ってくるのでしょうか。

こんな墓石にも出会いました。

平らな四角い墓石の表面に、

仲のいい親子
ここに眠る

と、ただそれだけの文字が刻まれているだけです。故人の名前も、家族の名前も、何々家の墓という文字もありません。

白い御影石の清楚な感じの墓石に、ただこの文字だけが刻まれている、誠に単純、あっさりしすぎています。

しかし、シンプルで短いこの言葉に、幸せな家族の風景を偲ぶことができます。「仲がいい」ということは当たり前のようで、必ずしもすべてがそうとは限りません。家族をめぐる事件や諍いが、しばしばニュースを賑《にぎ》わせます。あるいはそこまで至らなくとも、行き違いや葛藤や違和感や居心地の悪さを抱えつつ、同じ屋根の下で暮らしている家族も少なくないのかもしれません。

失われつつある、あるいは希薄化しつつある家族の絆、そのことの大切さを、この短い言葉が雄弁に物語っているように思います。
あの武者小路実篤《むしゃのこうじさねあつ》に、こんな言葉がありました。

仲良きことは美しき哉《かな》

この言葉は色紙などの讃《さん》として書かれたもので、戦後のある時期など、多くの家庭で掲げられていたものでした。
「仲良き」は、家族のことか、はたまた友人や隣人などのことでしょうか。ある辞典には、“How beautiful it is to have good friends.”と訳されていますが、先の各家庭に掲げられていた事実からしても、これは友情だけではなく、家族などを含むもっと幅広いものとして考えたいと思うのです。

# 私のおじいちゃまの墓

## 八歳の少女が刻んだこころ温まる言葉、その圧倒的な迫力

もう一つ、墓石に刻まれた言葉から。

「私のおじいちゃまの墓」

と、それだけが墓石の中央に記されていました（本章扉絵および裏表紙写真参照）。そのユニークな文字が、多くの墓石の中で際立っています。その横に小さく刻まれた文字から、八歳の少女、孫のしずかさんの言葉であることがわかります。

可愛がってくれた、掛け替えのない存在であった祖父を想う少女の心情が深く伝わってきました。

墓碑を前にして、この少女とおじいちゃんはどんな人だったのだろう、そのことを知りたく

なりました。

そして、そのしずかさんにお話をうかがうことができました。

墓碑が建てられたのは一九七四（昭和四十九）年、当時八歳であったしずかさんは、五十二歳になっておられました。しずかさんは大変なおじいちゃん子で、この墓碑はそのおじいちゃんが生前建てたものであり、文字はしずかさんのものと聞いて、祖父と孫娘の限りない愛の深さにあらためて感銘を受けました。

祖父母が孫を愛し、孫が慕う、それは日常に見られる風景ではありますが、こうした言葉が、その墓碑の正面に大きく刻された墓碑に出会うことはまずないでしょう。ともかくこういう率直な言葉が記された墓碑を作ってくれた祖父、その孫、そして二人を温かく見守ったしずかさんのご両親——三世代の家族を流れる篤いこころの通い合いが思われて、家族に囲まれて幸せな老後を送られた故人の満ち足りた人生も想像できます。

ちなみにこの祖父は、大正・昭和期の日本画家、横尾深林人《しんりんじん》（本名、信次郎）です。そのことを知って、あらためて驚きました。墓碑には画家横尾深林人の事蹟も何もありません。そして、この墓を建てたのが、生前の横尾画伯だったのです。そこには、画家としての業績や盛名とはかかわりなく、あくまでも一市井人として生き、この墓碑を遺して逝った横尾氏の強い意思と、爽やかさ、あるいは潔さのようなものも感じられて、感銘を新たにしたのでした。

この墓碑に向き合う時、えも言われぬほっこりとした気持ちになります。それ以降、ここは、私がこの霊園を歩く時、ふと立ち寄りたくなる場所となりました。

ここで思い出すのが、あの名曲「大きな古時計」です。

原曲はもともとアメリカの民謡ですが、一八七六年にアメリカの作曲家ヘンリー・クレイ・ワークによって作詞作曲されたものです。当時アメリカでも大人気を博しました。原題は、〈Grand father's clock〉ですが、日本では一九六二年NHKの「みんなの歌」で保富庚午《ほとみこうご》の訳詩、立川清登《すみと》の歌によって「大きな古時計」として紹介され、子供たちに親しまれました。その後、二〇〇二年、平井堅によってカバーされ、大人たちにも大人気となったのです。

おじいさんが生まれた時から百年間（原詩では九十年間）休みなく時を刻み続けてきた時計が、おじいさんが亡くなったいまではもう動かなくなったという内容ですが、亡き祖父を偲ぶ深い心情が、多くの人の共感を誘ったのでしょう。

大きな経済発展の陰で、私たちが失ったものはあまりにも大きい。家族の絆や人と人とのつながりや温もりが、急速に失われていきます。そんな中で、私たちは何か太切なものをどこかに置き忘れてきたのではないかという思いにしばしばとらわれます。

この歌が広く受け入れられた背景には、そんな時代の気分もあったのではないでしょうか。

第一章で、近年、日本を訪れた前ウルグアイ大統領ホセ・ムヒカの言葉を紹介しましたが、ここでもその一節を聞いてみます。ムヒカは、「世界で一番貧しい大統領」として注目を浴び、各地の講演で、豊かさとは何か、本当の幸せとは何かを問いかけ、大きな反響を呼びました。その講演の中で、日本が近代化の過程で失ったものの大きさを指摘しました。

ペリー提督が日本に来た時、日本人は西洋人の持つ技術を知り、そしてそれを超えようとした。そしてそれを成し遂げた。だがその時、日本人は魂を失った。西洋の悪いところだけマネをして、日本の性質を忘れてしまった。日本の文化の根源をね。

先の「私のおじいちゃまの墓」という墓碑の言葉は、そんな、日本人が失ったものの大切さをあらためて思い起こさせ、そこに浮かぶ家族の風景が、こちらのこころも温かくしてくれるようでした。

あたりは木枯らしを思わせる寒い風が吹いていましたが、やさしい温もりに包まれる散策のひと時となりました。

最後に、ここでも、本章のテーマである、父母や家族への思いにかかわる、墓碑の文字をいくつか取り上げておきます。

一文字では、「愛」「温」「懐」「恩」「敬」「憩」「絆」、二文字では、「偲ぶ」「感謝」「追憶」「慈愛」「親愛」「安堵」などの文字がこころに残りました。また、「やすらぎ」「ありがとう」「さよなら」「平安一路」「一家和楽」「恩寵無限」「懐かしい人」「縁あるものここに眠る」などの文字がありました。

実際に墓碑に書かれた、これらの大きな文字に向き合っていると、肉親への深い敬愛、感謝、受けた温情など思いが強烈に伝わってきます。

## 友よさらば、さらば朋友《とも》よ

### 人生の日々を彩った、忘れがたき交友の日々

たとえ時間の長短はあっても、交友の記憶は限りなく鮮明に残っています。そしてその別れは深い喪失感を伴うとともに、また熱い感謝の心情をも伴っています。

ここでは、亡き友人を偲ぶ歌や言葉のいくつかを見てみます。

木の葉雨
七十年の
友逝けり

この墓誌の裏面には、故人の十年祭にあたり　幼稚園時代からの親友渋沢秀雄氏よりいただいた俳句をここに刻し記念とした、という言葉が刻まれています。

七十年間という、実に長い付き合いであった旧友を偲ぶ渋沢氏の心情がジワリと伝わってきます。

歳時記によると、「木の葉雨」という言葉は、「木の葉」「木の葉時雨」「木の葉散る」などとともに冬の季語となっていて、木の葉が雨のように降るさまを譬えて言うという解説がついています。

たまたまこの碑に出会った日は、一月の初めで、散り積もった枯葉を踏みしめながら、あるいは樹上に残った枯葉がひらひらと舞い落ちる中を歩いていた時でした。それはいかにも、人生というものの寂しさ、はかなさを感じさせるものでもありました。それだけに、この句の語りかけるところに、深い共感を覚えたのでした。

七十年の交友のあった友を亡くした失意は、限りなく深い。

一方で、若くしての親友の喪失という事態に直面することもあります。

早逝の悲しみは、当然のことながらその親たちにとっては限りなく深いものですが、同時にその親しかった友人たち、あるいは故人とかかわりのあった人々にとっても深い痛みを伴います。そんな言葉にもいくつか出会いました。

君は常に誠意の人だった

友人に対しても
自分自身に対しても
そして突然に逝った今
我々に残るのは
美しい憶い出と
限りない悲しみの念のみ

昭和三十三年五月十日
東京大学ア式蹴球部一同

昭和三十三年一月に、東大赤門前で交通事故死した同部の主将、五十嵐洋文さんを偲ぶ部員一同の葬送る言葉です。また、洋文さんは工学部の船舶学科に所属した学生で、その同期の友人たちの以下のような追悼の言葉も記されています。

常に闘志にあふれて
学業に励みし学友

五十嵐洋文君は
不慮の事故のため
世を去れり　将来ある
有能なる君を失へることは
誠に大なる損失なり
われらその死を惜しみて
これを記す

あまりにも若すぎる、突然の旅立ち、友人たちの慟哭《どうこく》と惜別の思いが深く胸に届き、しばらくこの場を立ち去ることができませんでした。

故人の三歳下の弟、勝二さんにお話をうかがうことができました。

洋文さんは、当時はまだ野球全盛の時代でしたが、学業とともにサッカー一筋の青春時代を過ごしていました。

しかし不運にも、東大赤門前で、いわゆる神風タクシー（交通法規を軽視した無謀運転により当時社会問題となった）にはねられ、悲運の死を遂げました。周囲に慕われ、将来を嘱望されていた洋文さんの突然の死は、両親や家族にとってはもちろん、友人たちにとっても大きな衝撃でした。

この事故が朝日新聞紙上に大きく報道されると、全国から数百通に及ぶお悔やみの手紙が寄せられました。その後、朝日新聞は神風タクシー撲滅のキャンペーンを続け、交通事故撲滅のための世論喚起につとめました。

一人の若者の衝撃的な死が、時代に大きな旋風を巻き起こしたのでした。

勝二さんにいただいたお手紙を読んだ後、再び五十嵐家の墓前に立ちました。さまざまな思いがこみ上げ、胸が熱くなりました。

また、長年の友人、神保《じんぼ》孝太郎の墓を訪ねてきた斎藤茂吉《もきち》が詠んだ歌の歌碑にも出会いました。

ゆく春の
　ひと日の夕べ
いそぎ来て
君がおくつきを
われ去りあえず
　　茂吉

墓碑は霊園のほぼ中央、バス通りに面したところにあり、その左手の歌碑には、「昭和十四年この墓完成の後、同じ山形県出身にして、故神保孝太郎の大学生当時よりの親友アララギ派歌人斎藤茂吉氏一人来られて詠まれしもの」とあります。

忙しさの中、やっと訪ねてきたものの、なかなか去りがたい思いにとらわれた心情を歌ったものです。

神保孝太郎は内科の権威で、精神科医でもあった茂吉は親しい作家たちに神保博士を紹介しています。芥川龍之介は一九二六（大正十五）年一月から二月にかけて湯河原《ゆがわら》の中西旅館で湯治していますが、二月五日には茂吉の紹介で神保博士の診察を受けています（『芥川龍之介全集』第二十四巻）。また、茂吉の『島木赤彦臨終記』によると、茂吉と同じアララギ派の歌人、島木赤彦も胃腸病院の神保博士の診察を受けたことが記されています。

茂吉が神保をいかに信頼していたか、また親しい付き合いであったかを知ることができます。その長い付き合いの親友神保の墓を訪ねた時に詠んだのが、先の歌です。

「われ去りあえず」という言葉の意味の重さが、その親愛の情を物語っているように思います。

余談ですが、茂吉の創設した青山脳病院は、斎藤病院としてこの神保の墓のある多磨霊園のすぐ近くに移ってきています。それも何かの縁かもしれません。

人間、一定の年齢に達すると、さまざまな事態に遭遇します。

その一つが喪失の悲しみであり、その中で、友人との別れは、肉親との別れとはまた違った心情を伴うものとなります。とくに、歳を重ねるとそのことを痛感するのです。

かの良寛はこんな一句を詠んでいます。

手を折りて　昔の友を　数ふれば　なきは多くぞ　なりにけるかな

もう、説明の必要はないでしょう。

実感として感じられる方も少なくないと思います。

## いま還《かえ》る、大いなる自然の懐へ

### その広くて大きくて温かい器に、いま抱かれて

そして、死というものを射程にとらえるころ、少なからずの人々が向かうべき場所、あるいは還るべき場所として思いを寄せるのは、「自然」であるようです。そんな言葉を記した墓碑にもしばしば出会いました。

水を因とし
土を縁とし
いたゞいた
この命
いま地球に
お返し致します

ありがとう

「土になる」「ふるさとの土となる」などの言葉があるように、死んでこの地球の土に還る心境を、「ありがとう」という感謝の言葉で結んでいます。いろいろなことがあった人生だけど、穏やかで安らかな最期を迎えることのできる気分がしみじみと感じられます。

同じような言葉がほかにもありました。

　自然に生を受け
　　結ばれて五十年
　隣人愛に孚《はぐく》まれつゝ
　　再び自然の懐に還る

この墓碑の裏側には、「天ハ生ヲ人ニ与ヘ　地ニ還レル者ヲ抱ク」という言葉が刻まれています。

長い人生の旅を終えて、ようやく自然の懐に還る時がきた、恵まれた充足の人生であったことが偲ばれます。こんな言葉に出会うと、こちらの気分も穏やかで温かくなるのでした。

ほかに、「自然のうちに還る　最終の地」という言葉もありました。

また、

自然乃美乃中へ

と刻された、自然石風のきれいな墓碑もありました。

墓碑には慶応大学理工学部四年在学中に急逝した故人の名前が記されています。あまりにも早すぎる旅立ちです。そんな早逝の若者を、自然は温かく、やさしく迎え、包んでくれることでしょう。

霊園を歩いていると、さまざまな人々に出会いますが、その中の一人に、雲の写真を撮っている人がいました。話を聞くと、刻々とその表情を変える雲の魅力に惹《ひ》かれ、それを写し撮るために、しばしばこの地を訪れると言います。ここは空が広いし、喧騒から遠くはなれて、撮影には最高の場所だということでした。

そして、きれいな雲の写真を撮ることもいいが、何より、流れる雲と対話し、自然の営みの中に没入する至福の時間が最高なのだと語っていました。

「行雲流水」という言葉を思い出しました。墓苑という空間が、自然と人生、生と死という問題に思いを致す最高の場所であるということかもしれません。

そういえば、

行雲流水

と書かれた横長の墓碑にも出会いました。故人の座右の銘だったのでしょうか。あるいは辞世として残されたものでしょうか。

こんな言葉を遺し、それを墓碑に大きく刻む、そんな故人の納得のいく生涯が偲ばれました。

# 千の風になって

## いまも私は傍《そば》にいて、見守っています

自然の中に、土に還った人たちは、そこで安らかな眠りにつくことになります。しかし、人々のこころの中にはいつまでも生き続けているのです。

今日此処《ここ》に来られた方々に
あなたに自分の分身として血脈を伝えた人達
かつてこの世に現われて存在し生活をなし
時来たりて無限の空に戻って往った人達が
ここにその痕跡を残して逝きました。
去りし人を思ひ、過ぎし暮しを偲んで
想ひ起して下されば

昔日の人々は貴方の胸中に瞬時に甦り
とても嬉しく有難く存じ申し上げるでしょう。

黒御影の墓碑に白い文字でくっきりと刻まれた言葉が、通りすがりの私にも何かを語りかけてくれるようでした。

それから程近いところには、

人と共に生き、
人の中に生き続ける君

という言葉もありました。短い言葉ながら、よき人々に恵まれた生涯を送り、そしていまも人々のこころの中に鮮やかに生き続けている故人を偲ぶ心情が溢れています。

逝ってしまった人はまた、風になって私たちを見守ってくれているのかもしれません。先ごろそんなことを歌った歌が多くの人の感動を呼びましたが、そんな墓碑にも出会いました。

黒御影のきれいな墓石いっぱいに書かれた、

千の風になって
見守っています

という文字が、強く語りかけてくるようでした。

あるいはまた、墓石に大きく、ただ、

千の風

とそれだけ刻まれたものもありました。

あの「千の風になって」を思い出させる言葉です。

いうまでもなくこの歌は原作詞（英語）者不明ですが、新井満氏の訳詩と歌によって広く知られるようになりました。

私のお墓の前で　泣かないでください
そこに私はいません　眠ってなんかいません
千の風に

千の風になって
あの大きな空を
吹きわたっています

秋には光になって　畑にふりそそぐ
冬はダイヤのように　きらめく雪になる
朝は鳥になって　あなたを目覚めさせる
夜は星になって　あなたを見守る

（以下略）

新井氏は、この詩の原詩に出会った時の感動を、次のように語っています。
「その詩を一読して、私はおどろいた。心底からおどろいた。なぜかというと、その詩は〝生者〟ではなく、〝死者〟が書いた詩だったからだ。追悼文とはその名の通り、あとに残された人々が死者を偲んでつづる〝天国へ送る手紙〟であろう。ところがこの詩は、死者が天国で書いて〝天国から送り届けてきた返辞〟ともいうべき内容なのである。そのような詩に生まれて初めて出会って、私は素直にびっくりしてしまった」（『千の風になって』）

そして新井氏は、人は亡くなっても、光や雪や雨や風になって、ゆうゆうと空を飛びまわっている……、そんな風に考えることができたら、私たちの気持ちはどれほど楽になるだろうと書いています。

誰しも身近な人や親しい人との別れを避けることはできません。この歌が広く親しまれた背景には、逝ってしまった人を偲ぶ心情が、この詩の言葉と深く響き合ったところがあったからと言えるように思います。

この霊園だけでも、「千の風」という言葉や、その言葉を含むフレーズにいくつも出会いました。おそらくほかの霊園でも、そうした出会いがあることと思います。

そしてまた、「哀惜辞」と題された、こんな文章にも出会いました。

勇猛精進回思案
衝天気概走白道
巨星急逝暮悲嘆
仰希還来成千風

おおよその意味は、勇猛果敢で気概に富み、しかしまたよく思案をめぐらす人であった故人の急逝を嘆き、千の風になって還ってくることを願う気持ちを詠んだものと思われます。

また、「千の風」という言葉は見えませんが、同じような心境を物語る言葉もありました。

僕はいつも君を見ている
　今日もどこかで君のことを
　　想っている

このほか、「千の風」や「自然」とかかわりのあると思われる言葉にも数多く出会いました。墓碑に大きく刻された、そのいくつかを拾ってみると、

「風」「清風」「彩風」「悠久」「空と大地」「天翔」「宇宙」「碧空」

「彩雲」「四海春」「春風再来」「樹々亭々」「大自然に包まれて」


など、実に多彩な墓碑を見つけることができました。

こうして文字にして羅列すると、平凡で当たり前のように見えますが、それぞれが墓石いっぱいに、独自の書体で刻まれた文字の持つ迫力は相当なものです。その一つ一つが語りかけ、

訴えるところには、実に深く、しみじみとしたものがありまた。

そのほか、本章にかかわりのあるものとしては、「懐」「遥」「翔」「空」「路」「郷」「旅」「還」「追憶」「追想」「悠久」などがありました。

先の「千の風」などの碑に出会った日は曇りがちでしたが、風は温かく、早くも紅梅がほころび始めていました。白梅の香りもほのかに漂っていました。春は確実に近づいていたのでした。

もしかしたらこの温かさは、先に挙げた言葉の響きから受けた温もりでもあったのかもしれません。

## 帰りなんいざ

帰りなんいざ　田園将《まさ》に蕪《あ》れなんとす

人生に一つの区切りがついた時、あるいはその終末を感じ始めた時、人はどこに向かうのでしょうか。そんな時、人々の頭に浮かぶことの一つは、はやり「故郷」であるようです。

帰りなんいざ
むさし野よ
四季たのし

墓誌によると、作者は「八十翁」と記されていますから、相当な高齢です。この懐かしい武蔵野の地を終《つい》の棲家《すみか》とすることになった充足感を詠んだものでしょうか。あるいは歳を重ねるごとに故郷への思いがいっそう募るばかりで、そのあったかい自然に包まれて残り少ない人生を楽しく過ごしたいという切なる思いを詠んだものでしょうか。

「帰りなんいざ」はもちろん陶淵明《とうえんめい》の詩の言葉として知られていますが、偶然にもこの歌碑のすぐ近くに、陶淵明の詩をそのまま記した墓碑がありました。

帰りなんいざ
田園将《まさ》に蕪《な》れなんとす
胡《なん》ぞ帰らざる
陶靖節

靖節は陶淵明の諡号《しごう》（贈り名）で、これは有名な「帰去来《ききょらい》の辞」の冒頭の一節で、官吏生活を辞して帰郷する心境を詠んだものです。

墓誌に目をやると、その墓は、元東大教授で憲法学者の美濃部達吉《みのべたつきち》と、元東京都知事の美濃部亮吉《りょうきち》親子の美濃部家の墓でした。

美濃部達吉は明治六（一八七三）年生まれ、立憲君主制擁護の立場から天皇機関説を唱え、当時支配的であった天皇主権説に対抗し、軍部、右翼の批判を受け、その著『憲法概要』は発禁となったことでも知られています。

美濃部亮吉は明治三十七（一九〇四）年生まれ、達吉の長男で経済学者。東京都知事として都民参加の都政を重視し、福祉、環境行政に力を注いだことで知られています。法政大学教授時代には人民戦線事件で検挙され、退職に至った経歴もあります。

その波乱の経歴などを見る時、この陶淵明の詩に深い思いを寄せたことがわかるような気がします。

先に引用された陶淵明の詩の冒頭の一節はよく知られたところですが、そのあとに続く部分をここで見ておきたいと思います。

既に自《み》ずから心を以って形《からだ》の役《しもべ》と為しつつ
奚《なに》ゆえに惆《おも》い悵《むす》ぼれつつ独り悲しむや

本来、心こそ、肉体の主人であるべきところだが、然《しか》るにいままでの自分は心を形や肉体に追随させ、その奴隷としていたのではないか。かつては理想を追い求めていた時期もあったが、しかし、結局は精神が肉体の行動の支配を受け、その奴隷となるのをどうすることもできなかった。

過去何十年かの役人生活、それは誠に陰鬱《いんうつ》な時間であった。そしてそこからの解放を求めた。

解放を求める方法は簡単であった。心を形の主宰とする自由の天地に帰ることである。帰りなんいざ、田園将に蕪れなんとす、胡ぞ帰らざる。

以上は、吉川幸次郎氏の『陶淵明伝』をもとにした解釈です。

残りの人生を、組織やしがらみから離れて、地位や名声、不本意な付き合いや気遣いなどから決別した、新しい豊かな時間としたい、それは多くの人の願いでもあります。

先の二つの墓碑は老いや加齢の季節を、新たな実り豊かなものにするための知恵と哲学、それを問いかけているようにも思われます。

# 旅の終わりに

長い人生の旅路を終え、
いまようやく終着駅に辿りついたなあ

人生の長い旅も終わり近くになり、ようやく落ち着くべきところに落ち着いた心境を歌ったと思われる言葉のいくつかにも出会いました。

六十七年
一路平安
帰家穏座
山高水長

対面していると、どことなくホッとした気分にさせられるフレーズです。
「帰家穏座」は、禅語にあるもので、帰家とは、帰郷、帰還という意味も含めて、ようやく帰るべきところに帰ってきたということ、そして穏座とはくつろいだ席という意味です。

もっと深くは、人が本来自分に備わっている仏性《ぶっしょう》に立ち返ることを意味していますが、ここには、長い人生の旅路のあと、ようやく終の棲家に辿りついたという安堵も感じられます。

「山高水長」とは、山が高く聳《そび》え、水が絶え間なく流れるように、聖人・君子の徳や品性の高潔なことを譬えた言葉です（范仲淹『厳先生祠堂記』）。

長い人生の旅路を経て帰るべきところに帰ってきて、ようやく安穏の時を迎えた、あるいは人生の終着駅に到達した、そんな時の心境をうたったものか、あるいは故人の生き方や人間性を讃えたものでしょうか。

こんな言葉もありました。

逆旅之館
永帰本宅

墓碑の文字がしみじみとした味わいを醸し出し、深くこころに届きました。

出典と思われる陶淵明の「自祭文」（自らへの挽歌）には、「陶子将に逆旅之館を辞し永《とこしえ》に本宅に帰らんとす」とあります。

陶子とは陶淵明自身のことで、「逆旅《げきりょ》の館《やかた》」は、旅人を逆《むか》える館《やど》のことで、人生をかりそめの旅とする比喩であり、「本宅」は本来の家、死後の世界のことです（一海知義『陶淵明』）。人がこの世にいるのは、ただかりそめにいるのであって、旅人が旅館にいるのに等しい、自分はいま、仮の宿りであるこの世を辞して、本来の住まい＝死後の世界へ帰り行こうとする、という意味です。

この墓碑の言葉は、故人が陶淵明を借りて、長い人生の旅路を終えてようやく本来の自分の住まいへ帰るのだという安堵感とも言うべきものを語ったものといえます。

とすると、この言葉は先の「帰家穏座」とどこか重なるようにも思えます。

たしかに、われわれはみな旅人なのだ、その長い旅の道程の一時期をこの地上に滞在しているのであり、この地上の生を終えたあとは再び、その本来の旅人に戻っていくのだ、そんな風に考えると、どこか気分が楽になり、穏やかな気持ちになれるような気がします。

そしてもう一句。

すみれ咲く
野路をたどりて
いまここに

長い野道を歩き続けて、ようやく目指すこの地（あなたのお墓）に辿りつきました、という心境を詠んだものでしょうか。あるいはまた、長い人生の旅路を終え、いまようやく終着駅に辿りついた。そんな感懐を詠んだものでしょうか。
また、落日になぞらえて納得のいく幸せな人生と、明治、大正、昭和、平成と四代を生き抜いた長寿の人生を偲んだ歌にも出会いました。

風よ吹け
落日のごと
幸せを終る

明治に生まれ
大正に育ち
昭和を生きぬき、
平成に天路を辿る

長い人生を、恙《つつが》なく生き切った充足感、安堵感を感じさせる言葉です。感動に涙した日々もあったし、一方で激動の日々もあり、時代の波にも翻弄されたこの人生でした。「落日」には一抹のさびしさや感傷もありますが、しかし終わりの安堵感もあります。

そして、落日のあとの、茜《あかね》色に染まった空を眺めていると、深い感動に襲われます。それは神秘的ですらあります。

ともかく、この歌の詠み手には、幸せな人生の締めくくり方であったと言っていい。人は、人生の旅の終わりに、さまざまな思いを込めてその旅を振り返ります。この墓碑に出会った時、あのフランク・シナトラの「マイ・ウェイ」を思い出しました。

人生の終幕を迎えた男の心境を歌ったこの歌の中では、"I did it my way"（私は私の人生を生きてきた）がリフレインされ、最後は"Yes, it was my way"（そうさ、それが私の私らしい人生だったのだ）と結ばれています。

この霊園には多彩な樹木や巨木が生い茂っています。その中でひときわ高く聳えるものの一つに赤松があります。その亭々たる赤松のもと、こんな歌に出会いました。

わが骨もいつかはここに
うつもりて

明けくれきかむ
松風のをと

亡き人を訪ねてこの墓地に来たのだが、長くなった自分の人生を思うにつけ、いずれはわが身もやがてこの墓地に入り、聳える赤松の梢を吹き渡る風の音を朝な夕な聞くことになるのだ――穏やかに自分の死を受け止める心情を感じさせる歌です。

赤松の巨木は蒼天に向かって枝を伸ばし、私が訪れたこの日も、五月の風が吹き渡っていました。一抹の寂しさと、しかし穏やかさと温かさを感じさせる歌に出会って、いい人生を重ねてきた人であろう詠み手のことを思ったのでした。

これまで、「人生というもの」を語る、多くの感動的な言葉に出会ってきましたが、ここで本章にかかわりのある、この霊園で出会った墓碑の文字を、あらためて拾っておきます。

「空」「風」「燦」「路」「旅」「閑」「灯」「悠悠」「安楽」「永遠」「海へ」「天地平安」「一期一会」「諸行無常」「不生不滅」など、墓碑いっぱいに大きく書かれたその文字の一つ一つが人生というものを感じさせ、こころに届くものでした。

# ありがとう！　いい人生だった

## 人々が最も大切にしてきた言葉、それが「ありがとう」だった

この、無名の人々の遺した言葉を訪ねる思索の旅も終わりに近づきました。本当によく歩いたものだと思います。その中で、いい言葉にたくさん出会いました。いまではそれが何よりの宝となっているように思えます。

その散策の道すがら出会った言葉の中で、とくにこころに残っているのが、「ありがとう」「いい人生だった」という感謝の言葉です。

こうした言葉の多くは、亡き人たちからの、遺された人たちへの感謝の言葉であり、また、墓参りに来てくれた人へのお礼の言葉です。

お参りに来てくださり
ありがとう

貴方に陽だまりのような幸福が
　訪れますように

低層の赤レンガに囲まれた墓域の墓碑の左手に、きれいな黒御影に刻まれたこの文字がありました。その言葉が親しく語りかけてくるようで、こちらのこころの中にも暖かい陽だまりが差し込むように感じられるのでした。

　こんな言葉もありました。

今日はありがとう
よく来てくれたねえ

「よく来てくれたねえ」という言葉もなかなかいい。

墓碑の向こうの故人が、まさに語りかけてくるようです。

たまたま通りかかっただけのまったくの他人である私にも、親しく語りかけてくれるのでした。何かホッとするようなしみじみしたものをここでも感じたことは言うまでもありません。

そのあと、散歩の途上、この近くを通りかかった時、ちょっと立ち寄ってみることもしばしばでした。「また来ましたよ」——そんな言葉をかけてみたい気持ちにもなったのでした。

そして、「ありがとう」という言葉は、故人からの感謝の言葉であると同時に、遺された者からの、掛け替えのない、思い出深い時間をともに過ごした故人への感謝の言葉でもあります。

こうした相互の感謝の気持ちを表わした、この霊園の墓石の文字を集めてみました。

まず一番多いのは、もちろん「ありがとう」という文字です。その墓碑は二十三基もありました。墓碑いっぱいにこの文字が刻まれています。

そのバリエーションとして、

「優しさをありがとう」

「愛　ありがとう」

「心　ありがとう」

「万感をこめてありがとう」

「想い出をありがとう」

「ありがとう　やすらかに」

「みんなみんな幸せにしてくれてありがとう」

などがありました。こうしたバリエーションを含めると、「ありがとう」の墓碑は、膨大な数にのぼります。

そのほか、「恩」「慈愛」「敬愛」「感謝」「四恩」「恩寵無限」などの文字も見られました。

それぞれに、人と人とのつながりの温かさ、やさしさを感じさせる言葉です。

ここに眠るそれぞれの人には、それぞれの人生があったことでしょう。苦難の時もあり、失意の時もあったでしょうし、小さな諍いもあったかもしれません。しかし感動と喜びに包まれた時間もまた、その人生の日々を彩ったのでした。

そして、こうした「ありがとう」の刻された墓碑の、その感動を呼ぶ言葉が、先に逝った人々と、遺された者とをいっそう強く結びつけるものとして、こころの奥深くに届いてくるように思えたのでした。

こうした感謝の言葉を遺すのは、もちろん有名無名を問いません。この霊園に眠る著名人たちもまた、最後の時、その気持ちを込めた言葉を遺しています。

そのいくつかを見てみます。

『のらくろ』で知られる漫画家の田河水泡《たがわすいほう》の潤子夫人は、田河が入院中のある日、付き添っていた夫人に向かって、

「私の人生は、本当にいい人生だったと思うよ」

と、しみじみと語ったと記しています。

『銭形平次捕物控』などで知られる作家、野村胡堂《こどう》は、臨終にあたって、

「思い残すことはない。満足だ」

という言葉を遺しています。

多彩な芸能活動で知られる徳川夢声《むせい》の最後の言葉は、妻静枝に語りかけた、

「おい、いい夫婦だったなあ」

でした。

いずれも、短いながら万感の思い、深い感謝の気持ちが込められています。

アニメ「ルパン三世」などで知られる俳優の山田康雄は愛用の机の引き出しの中に遺書を残していました（『文藝春秋』二〇〇二年一月号）。

封筒に「ハヤイ　ハナシガ　イショ」とあり、その中にはこう書かれていました。

「すてきな人生だったよ。紀美子がいて、夏織がいて、浩康がいて、ポケなんかもいて……やっぱり紀美子がいて……ありがとう」（注、「ポケ」は愛犬の名前）

短い言葉の中に、遺された家族への思いが溢れています。

作家、菊池寛の遺書には、

「私はさせる才分無くして文名を成し、一生を大過なく暮らしました。多幸だったと思います。

死去に際し、知友及び多年の読者各位に厚く御礼申し上げます」

とありました。

菊池の場合は、家族というより読者や友人に宛てた感謝の言葉となっています。

日本の児童文学の基礎を作ったと言われる巌谷小波《いわやさざなみ》は、こんな走り書きの遺書を残しました。

重く散って軽く掃かるゝ一葉かな

極楽の乗り物や是桐一葉

大不孝者を父として皆よくもよくも孝行つくしてくれた　深くかんしゃして天国へ行く　云いたい事山々なれど　只此上は皆仲よく　あとをにぎわしてくれ

何事もあなたまかせの秋の風（『波の跫音——巌谷小波伝』）

さまざまな人生があります。さまざまな最期があります。そんな中で、有名無名を問わず、こうした言葉で締めくくることのできる人生は感動的ですらあり、こころ温まるものを感じます。

ちなみに、この「ありがとう」という感謝の言葉は、私たち日本人が大切にしてきた言葉です。NHKの放送文化研究所が継続的に調査してきた結果にも、「好きな言葉」として「ありがとう」が常に一位を占めており、民間の調査（住友生命、二〇一〇年）などでも、ダントツ一位となっています。

先にも述べましたが、「いい人生をありがとう」という言葉は、葬送られる人の言葉であるとともに、遺された人がお返しする言葉でもあります。

そんな言葉を遺して逝ける人生のなんと素晴らしいことか。

そして、そんな言葉で亡き人を葬送る側の人生のなんと幸せなことか。

そんな言葉を共有できる人生に、深く感謝したい。

いま、ネット社会が進化し、言葉が溢れ、そして言葉が人を傷つける時代、人と人との関係が殺伐とした時代と言われますが、あらためて、以上の本文で採録した言葉と、各章の巻末でまとめたコラムの言葉に対面していると、

「言葉っていいなあ」

「言葉ってすごいなあ」

「人間っていいなあ」

「人生っていいものだなあ」

そんなことが、篤く思い起こされ、得も言われぬ豊饒《ほうじょう》な気分に包まれるのでした。

コラム「墓碑正面に刻された文字」④

## フレーズに込める「思い」

大自然に包まれて　空と大地　ありがとうやすらかに

心に生きる　心やすらかに　心ゆたかに逞しく　いつも笑顔で

永遠のいこい　愛ありがとう　心からの信頼　なつかしい人

清き岸辺に　ここに眠る　我れらここに眠る　世界に平和と絆を

天地は住家　花と星とともに眠る　縁あるものここに眠る

共に眠る　倶に眠る　わが一族ここに眠る

悠久の安らぎのために　安らかに眠れ

懐かしい人が安らかに眠る

とこしえに愛と和をもて
人と共に生き人の中に生き続ける君
光の中を歩め　やすらぎの地
慈愛を讃えて　どうもありがとう
想い出をありがとう　万感をこめてありがとう
永遠の幸せを望み　また逢ふ日まで

AMOR,　FAMILY,　Eternal Life,　Peace
MEMORY,　forever,　Love Forever
Always With You
Thank you mom,　For all the things　You did for us

Congratulations on Graduation

Que sera sera

April shower bring May flowers

Like a Bridge Over Troubled Water

Tis better to have loved and lost  Than never to have loved at all

Learn from yesterday,  live for today,  hope for tomorrow.

The important thing is not to stop questioning.

# あとがき

数多《あまた》の人々に出会いました。

夥《おびただ》しい言葉に出会いました。

そして、たくさんの感動に出会いました。

こうした出会いの数々が、それぞれに深くこころに届くものでもあり、掛け替えのない至福の時間ともなりました。

そして、こんな言葉を遺した人、あるいはこんな言葉を贈られた人はどんな人だろうという興味を覚えました。そのいくつかについては連絡先を探し、お話をうかがうことができました。故人の言葉に目をとめていただき、感謝するとの言葉をいただいたりしました。しかし、時は移り世代が変わり、故人は遠くなり、あまり詳細はわからないという言葉が返ってきたりもしました。

一方で、個人情報の問題もあり、私的な家族関係に深入りするより、むしろ読む人の想像力を尊重することのほうを優先しようとも考えました。

墓域はあくまで個人の私的な神聖な場所であり、それぞれの家族で大切にしている言葉が、その私的な空間に記録されているわけですが、こうした言葉やフレーズは、墓碑の正面やその傍らの墓誌に掲げられ、墓参の人々や周辺を歩く人々によく見える場所にあります。そしてしばしば、その句や歌や言葉が、こちらに語りかけてくるようにも思われました。とすると、それは個人の秘匿された情報というより、半ば公開されているものと解釈してもいいのではないかと思いました。

そして、珠玉のような言葉や感動的なフレーズに出会って、それを多くの人々と共有したい、そんな思いを強くしたのでした。そんな解釈や思いを何卒ご寛恕《かんじょ》いただきたく思います。

一方で、先にも書いたように、そうした無名の人の語る、著名人のそれに劣らない貴重な、あるいは珠玉のような言葉の刻された墓碑が、歴史の風雪に耐えつつも、急速に磨耗が進行しています。著名人の場合は、それが著作や語録や評伝として、長く語り伝えられることになりますが、無名の人の言葉は、歴史の大海の中に消えてしまうのです。

そんなわけで、何とかこれを記録して残し、より多くの人々に、遺された言葉や故人を葬送《おく》る言葉を知っていただき、時代の鼓動や人生の感動を共有することも許されることではないかと思いました。

もちろん、やや長めの私的記録など配慮したほうがいいと思われるものについては、たとえば遺族のご了解を得るとか、あるいは固有名詞などは一部変更するとか、削除することにしました。

また、故人が遺した言葉は、本人自身の言葉である場合と、たとえば座右の銘などとして、先学などが語った言葉を故人が大切にしていたものとして書き遺した場合もあります。いずれにしろ、故人が語り遺したいと思い、あるいは生き方の指針として大切にされていたものとして、取り上げることにしました。ただ、後者の言葉のルーツについては、できる限り遡《さかのぼ》って検証しましたが、不徹底があれば、ご指摘、ご教示いただければ幸甚に存じます。

また、磨耗が進行していたり、崩し字の判読が容易でないものについては、誤読もあるかもしれませんが、ご教示いただければありがたく思います。

なお、引用は読みやすさに配慮して、可能な限り新字や現代仮名遣いに改めました。

本書執筆に際しては多くの方々に謝意を表さなければなりません。

とくに素晴らしい言葉を遺された故人やご遺族の方々、あるいは関係者の方々、そして取材に協力してくださった方々に深甚の謝意を表したいと思います。

そのほか、本文中で取り上げた文献や、巻末に掲げた参考文献に負うところが大でした。あらためて謝意を表するものです。

そして、日ごろの気儘《きまま》な歓談の中で、さまざまな知的刺激や的確な示唆を与えてくれた友人知人たちにも感謝の言葉を捧げたいと思います。

また、日本芸術院会員で府中市美術館館長の藪野健さんは、一連の小生の著作に深く共鳴され、前著（『鎌倉古寺霊園物語』）に引き続き、本書の扉と中扉に素晴らしい作品を提供してくださいました。藪野さんは、わたしと気儘な歓談をしながら筆を走らせるという独自の方法をとられました。その、藪野さんと共有した時間は、譬《たと》えようもない豊潤なものともなりました。

そして、長い付き合いでもある福村出版社長の宮下基幸氏と、編集を担当された小山光氏には、示唆に富む貴重なご教示を賜り、深く感謝申し上げます。

私事に亘《わた》りますが、福村出版は私の初めての単著『転換期のメディア環境』を刊行した出版社です。当時はネット社会の草創期にあたり、新たなメディアが相次いで誕生するという時期でもあり、一方で既存のマスメディアがさまざまな課題を抱え、そのジャーナリズム性が問われるという状況にもあったゆえか、本書は多くの読者に迎えられ、版を重ねました。その後、各社からさまざまな本を執筆刊行してきましたが、今回福村出版から、およそ二十年ぶりに拙著を刊行することになり、些《いささ》かの感懐を覚えます。

冒頭にも書いたように、本書の取材執筆の作業は、誠に得がたい出会いと発見の旅でもありました。あらためていま振り返ると、訪ねた墓碑とそこに眠る人々の言葉が、そしてそこで交わした故人との会話が、鮮明に思い出されます。「言葉の力」に、あらためて驚かされます。閉塞感が漂い、殺伐な事件が後を絶たず、きわめて生きにくいといわれるこの時代に、人々が人生の諸課題に向き合うとき、本書が、ささやかな貢献の一翼を担うことができれば、著者としては望外の喜びであります。

二〇一九年初夏

武蔵野の新緑が映える、東京都府中市の寓居にて

立元幸治

# 参考文献

※本文中に明記・引用したものの一部は除外しました。


『日本文学全集』集英社（一九六六～七二）
『新潮日本文学アルバム』新潮社（一九八四～八六）
『日本大百科全書』小学館（一九八四）
『世界大百科事典』平凡社（一九八八）
尚学図書編集『日本名言名句の辞典』小学館（一九八八）
永井荷風『断腸亭日乗』岩波書店（二〇〇一～〇二）
半藤一利『昭和史――1926～1945』平凡社（二〇〇四）
中村隆英『昭和史』東洋経済新報社（二〇一二）
浦辺登『霊園から見た近代日本』弦書房（二〇一一）
セネカ著　茂手木元蔵訳『人生の短さについて』岩波書店（一九九一）
沢木耕太郎『無名』幻冬舎（二〇〇六）
立川昭二『足るを知る生き方――神沢杜口「翁草」に学ぶ』講談社（二〇〇三）
加島祥造『求めない』小学館（二〇〇七）
佐藤一斎著　川上正光全訳注『言志四録』講談社（一九七八～八一）
岸田衿子『いそがなくてもいいんだよ』童話屋（一九九五）
金谷治訳注『論語』岩波書店（一九九九）
『日本の名著　貝原益軒』中央公論社（一九八三）

貝原益軒『養生訓』中央公論社（一九七三）
貝原益軒『大和俗訓』岩波書店（一九九五）
H・D・ソロー著　飯田実訳『森の生活』岩波書店（一九七七）
渡辺京二『無名の人生』文藝春秋（二〇一四）
坂村真民『念ずれば花ひらく』柏樹社（一九七九）
渡辺和子『愛をこめて生きる』PHP研究所（一九九九）
藤沢周平『三屋清左衛門残日録』文藝春秋（一九九二）
井出孫六『抵抗の新聞人　桐生悠々』岩波書店（一九八〇）
種田山頭火『山頭火の本』全一四冊別冊二冊　春陽堂書店（一九七九～八〇）
『菊池寛全集』高松市菊池寛記念館（一九九三～九五）
亀井勝一郎『愛の無常について』角川書店（一九六六）
『中島敦全集』筑摩書房（二〇〇一～〇二）
舩山信一『ひとすじの道――唯物論哲学者の自分史』三一書房（一九九四）
新井満『千の風になって』講談社（二〇〇三）
木村久邇典『男としての人生――山本周五郎のヒーローたち』グラフ社（一九八二）
清原康正『山本周五郎のことば』新潮社（二〇〇三）
立元幸治『東京多磨霊園物語』明石書店（二〇一三）
立元幸治『東京青山霊園物語』明石書店（二〇一五）
立元幸治『鎌倉古寺霊園物語』明石書店（二〇一七）

**立元幸治**（たちもと　こうじ）
1960年九州大学卒業後、NHKに入局。主に教養系番組の制作に携わり、チーフ・プロデューサー、部長、局長、審議委員などを務める。主な制作番組に、「情報と現代」「近世日本の私塾」「明治精神の構造」「日本の政治文化」などがある。NHK退職後、九州産業大学、東和大学などで「メディア論」や「現代社会論」などの講義と研究に携わり、現在は主に執筆講演活動を展開している。著書に、『転換期のメディア環境』（福村出版）、『「こころ」の出家』（筑摩書房）、『「こころ」の養生訓』『器量と人望　西郷隆盛という磁力』（PHP研究所）、『貝原益軒に学ぶ 60代からの「体・心・頭」をもっと元気にする本』（三笠書房）、『東京多磨霊園物語』『東京青山霊園物語』『鎌倉古寺霊園物語』（明石書店）、『威ありて猛からず　学知の人　西郷隆盛』（新講社）などがある。

墓碑《ぼひ》をよむ
――“無名《むめい》の人生《じんせい》”が映《うつ》す、豊《ゆた》かなメッセージ

2019年12月1日　初版第1刷発行

著　者　立　元　幸　治
発行者　宮　下　基　幸
発行所　福村出版株式会社
〒113-0034　東京都文京区湯島 2-14-11
電　話　03（5812）9702
FAX　03（5812）9705
https://www.fukumura.co.jp
装　丁　臼井弘志（公和図書デザイン室）
印刷・製本　中央精版印刷株式会社


ISBN978-4-571-30039-4 C0095